漫画でざっくりわかる
渋沢栄一

漫画　英賀千尋

時代背景がわかる
簡単コラム付き

新一万円札の人、
若かりし栄一の
「躍動感」あふれる
ユニークなエピソード

ビジネス教育出版社

目次

第1章　出生から幕末まで

第2章　絶望の幕末から希望のフランスへ

第1章　出生から幕末まで

お札にもなった
渋沢栄一ってどんな人?
「日本資本主義の父」と
呼ばれています
天保12年2月13日
武蔵国血洗島《ちあらいじま》で生まれた※
おぎゃぁ～～
渋沢家は農耕・養蚕《ようさん》・藍玉《あいだま》を
手がける豪農だった
20代の頃、尊王攘夷《そんのうじょうい》の志士達と
交友を結び倒幕を企てる
倒幕だ
おぉ!!
しかし、親戚に止められ
未遂で終わる
止めなさい
・・・・

※現埼玉県深谷市

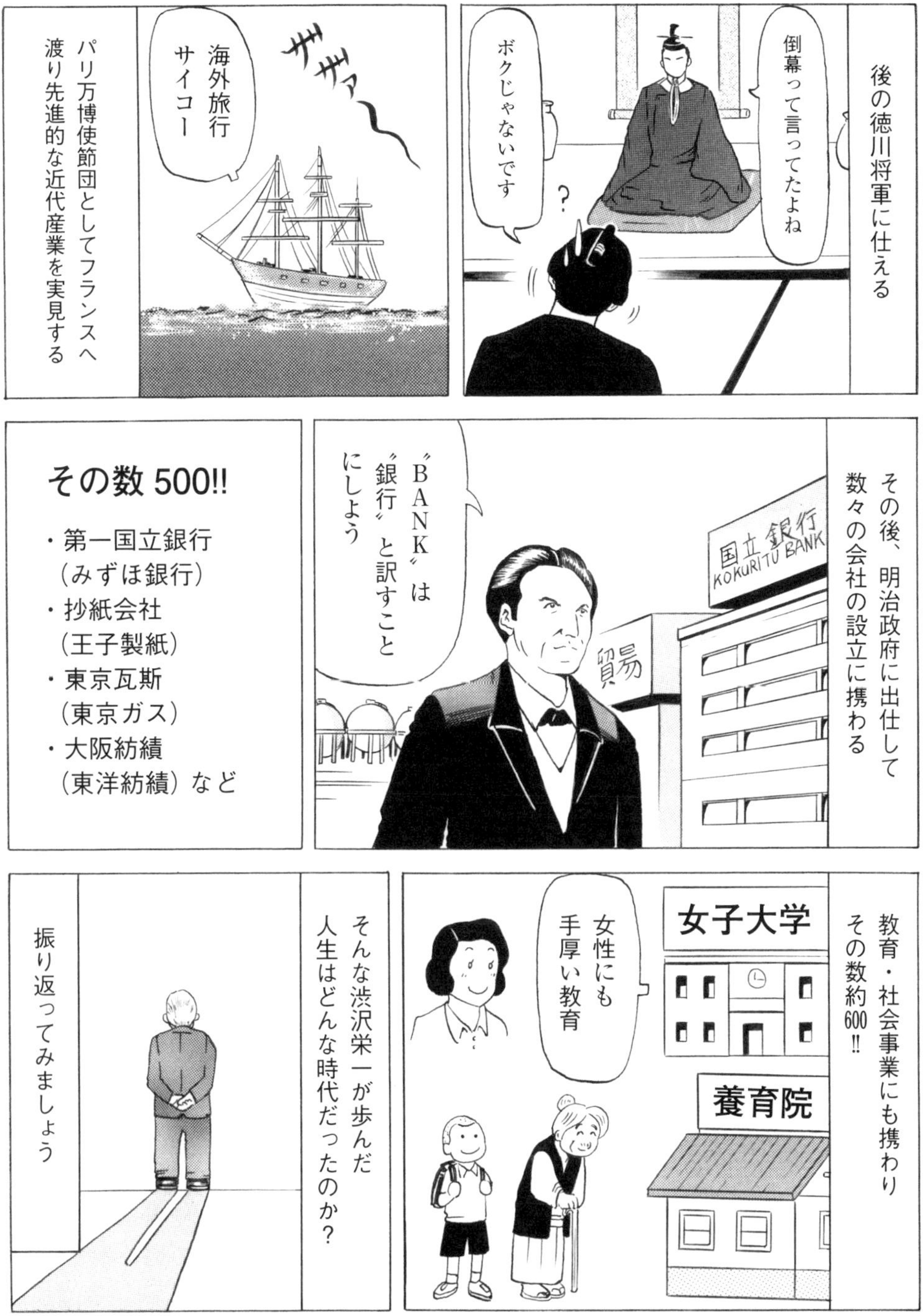
後の徳川将軍に仕える
倒幕って言ってたよね
ボクじゃないです
?
ザザァ〜
海外旅行サイコー
パリ万博使節団としてフランスへ渡り先進的な近代産業を実見する
その後、明治政府に出仕して数々の会社の設立に携わる
国立銀行
KOKURITU BANK
貿易
〝BANK〟は〝銀行〟と訳すことにしよう
その数500!!
・第一国立銀行（みずほ銀行）
・抄紙会社（王子製紙）
・東京瓦斯（東京ガス）
・大阪紡績（東洋紡績）など
教育・社会事業にも携わりその数約600!!
女子大学
養育院
女性にも手厚い教育
そんな渋沢栄一が歩んだ人生はどんな時代だったのか？
振り返ってみましょう

時は、幕末から明治に変わる頃…
ガヤガヤ
ワイワイ
ニギ
ニギ
ニギ
ニギ
ニギ
ニギ
日本は混乱していた
時の政権、徳川幕府はペリーの軍事的圧力で開国し
開国してクダサーイ
戦力が違いすぎる
外国の言いなりになっていた
そこで幕府「開国派」と
現実的に戦えない
折り合いをつけて上手くやるんだ
開国派
外国人は追い出せ
徳川は頼れない天皇に治めてもらうべきだ
攘夷派
反外国人派の「攘夷派《じょういは》」で紛争が始まります

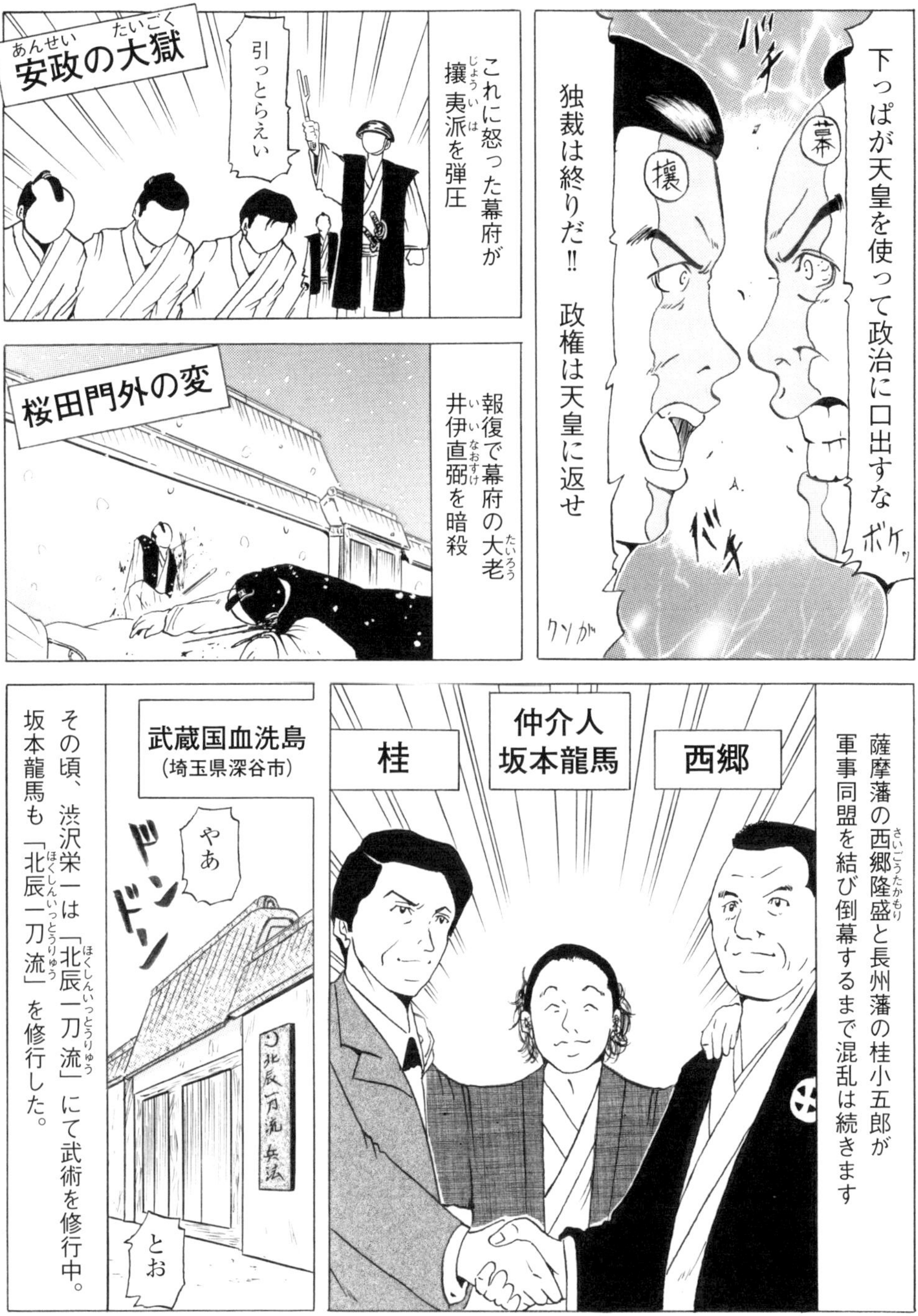

下っぱが天皇を使って政治に口出すな
幕
攘
バチ
独裁は終りだ!!　政権は天皇に返せ
バチ
ボケッ
クソが
これに怒った幕府が攘夷派《じょういは》を弾圧
安政《あんせい》の大獄《たいごく》
引っとらえい
報復で幕府の大老《たいろう》井伊直弼《いいなおすけ》を暗殺
桜田門外の変
薩摩藩の西郷隆盛《さいごうたかもり》と長州藩の桂小五郎が軍事同盟を結び倒幕するまで混乱は続きます
西郷
仲介人
坂本龍馬
桂
その頃、渋沢栄一は「北辰一刀流《ほくしんいっとうりゅう》」にて武術を修行中。
坂本龍馬も「北辰一刀流《ほくしんいっとうりゅう》」を修行した。
武蔵国血洗島
(埼玉県深谷市)
やあ
ドンドン
北辰一刀流 兵法
とお

昨日、攘夷《じょうい》の志士が捕まったようだぞ!
お上の名を笠《かさ》に着て卑怯な奴らだ
・・・・
俺の田舎では不作で苦しいのに、
年貢《ねんぐ》を上げやがった奴らは私腹を肥やすばかりだっ
それはヒドい
くっ
許せんな
江戸時代の年貢《ねんぐ》率は「五公五民」といわれたようですが実際は「六公四民」だったとか
四割が村の分
（村で分配する）
六割が領主
重い年貢《ねんぐ》率は農民を「生きぬよう死なぬよう」に支配されてたとか
ちなみに一人で一年間に食べる量が一石《いちごく》といわれてる
一石＝約 2.5 俵（150kg）
一石《いちごく》の米は一両（小判）と同等の価値
渋沢殿はこの現状どうお感じになるか？
うむ

士階級は世襲《せしゅう》で
腐敗し世は混乱してる
正さないといけない!!
やはりそうか!!
倒幕しかない!!
戦になれば、
俺も参加するぞ
武術を学ぶ傍《かたわ》ら、勤皇志士《きんのうしし》達と
交友を結んでいた
実は私には
計画があってね…
えっ
頃合いを見て高崎城を乗っ取り
武器を奪う!!
そして〝横浜異人館〟を焼き払う
え!?

その後、長州藩と連携して徳川幕府を倒す!!
プルプル
オオオオ
一大〝テロ〟計画
そ、そんな事を…
もちろん「すぐに」って話じゃないよ
スゲー
外には京都の新撰組のような武闘派が武蔵国(ここ)にもいるらしい
こえー
一番隊 組長 沖田
局長 近藤
テロリストの取締
副長 土方
かっけー
計画がバレたら斬られてしまう
仲間を集めて長州と話をする!!
時が来るまで待つ
渋沢栄一って…
歴史に名前が残るかもね

数日後
栄一さん、話を聞いたよ
え?!
ぶっそうな事を考えてるんだって!!
栄一の従兄弟
尾高長七郎
姉さんも心配してるよ子供も小さいんだから
グッ
気持ちはわかるケド
千代が…
家に戻っ…
ドン
しかし、誰かがやらないと日本はますますヒドく…
※栄一の妻
尾高家
渋沢家
尾高惇忠(兄)
長七郎(弟)
千代
栄一
子供
父
母
栄一さんがことに及べば、親族にもことが及ぶんですよ
ズッ
うう…
あと、おじさんから手紙預かってきました
父から…?!
めし

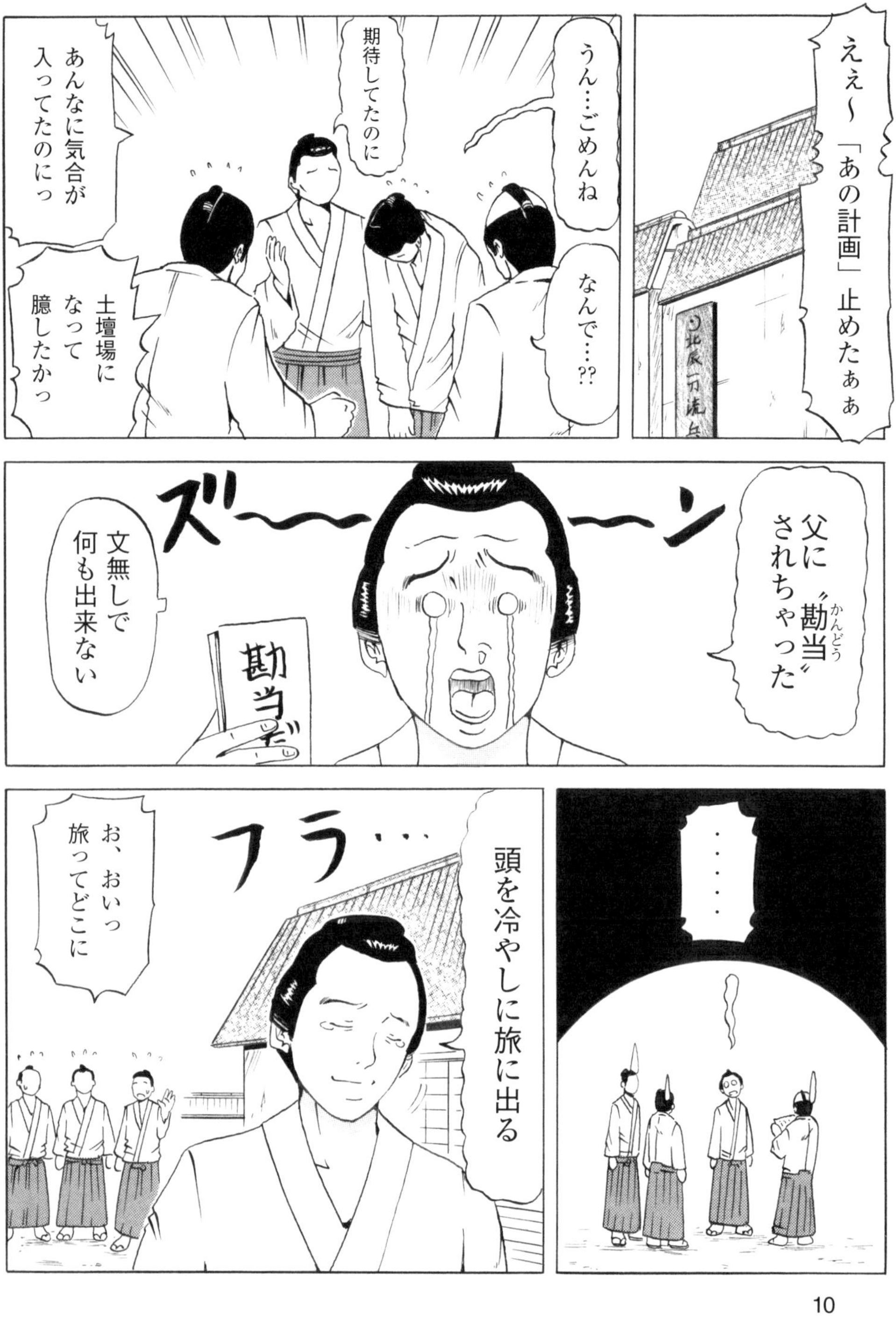
えぇ～「あの計画」止めたぁぁ
北辰一刀流
うん…ごめんね
なんで…??
期待してたのに
あんなに気合が入ってたのにっ
土壇場になって臆したかっ
父に〝勘当《かんどう》〟されちゃった
ズ～～～～ン
文無しで何も出来ない
勘当だ
……
頭を冷やしに旅に出る
フラ…
お、おいっ旅ってどこに

そうだ!! 京都へ行こう
フラ
大丈夫かよ?!
この騒ぎは何だったんだ…
やっぱりアイツは俺達とは違うな
栄一さんどうでした?
うん大丈夫
みんなこの〝ウソ手紙〟を信用して「計画を断念した」と思ってるよ
クシャ
これで心配事はなくなりましたね
長七郎君、世話をかけたね
万が一もある早々に武蔵国を出て
京都の知人に身を寄せましょう

コラム

この頃の農民の暮らしとは？

年貢を納めるだけで精一杯であり、大変貧しい生活だと思われることが多いのですが、実態はそんなに劣悪な環境ではなかったようです。

江戸時代の農民は、お米を育て幕府や藩が割り当てた分の年貢米を納めるのが仕事です。江戸時代初期はお米の生産効率は高くはなく、幕府や藩は農民に対して厳しい年貢を要求していましたが、中期に突入すると新田開発や農具の発展などによってお米の生産高は急上昇します。

一方、年貢の税率を決める検地があまり行わなくなっていたため、生産高は多くなったにもかかわらず年貢米は今まで通りとなり、極端な贅沢をしなければ生活に困窮することはほとんどありませんでした。

農民は一説によると年間を通して30日から50日休んでいたと記録されており、盆や正月などではのびのびと休んでいたようです。

また、これまでは三都（江戸・京都・大坂）でしか流通していなかった貨幣が農村地帯にも流通し始め、農民はお米を育てながら、養蚕や三草（紅花・藍・麻）などの作物を育て、稼いだお金で肥料や農具を買ったり、伊勢神宮に旅行したりしていたそうです。

コラム

北辰一刀流以外にも様々な流派がある

江戸時代には北辰一刀流だけではなく、他にも色々な剣術の流派が存在していました。その数は把握できるだけでも７００種類以上であり、いかに剣術が重要視されていたかがわかります。

江戸時代初期の主流派は、柳生宗厳が創始した柳生新陰流です。中期に突入すると幕府の方針が武断政治から文治政治に移行したこともあり、武士は学問に重きをおくようになり、剣術自体が徐々に衰退していきます。

しかし、８代将軍徳川吉宗が武芸を奨励したことや、竹刀や防具が導入されたことによって再び剣術は日の目を見ることになります。その中でも特に勢いがあり、門下生が多くいたのが幕末江戸三大道場といわれる士学館を道場とした鏡新明《きょうしんめい》智流《ちりゅう》、練兵館を道場とした神道無念流、そして玄武館を道場とする北辰一刀流です。この三つの剣術は、それぞれ特徴が異なり、鏡新明智流は竹刀の打ち込み稽古を中心として行い、武市半平太や岡田以蔵などがこの流派を習得していました。

神道無念流は軽い打ち合いを厳禁として真を打つ渾身の一撃を重視する流派で、桂小五郎や伊藤博文などの長州藩士が主にこの流派を習得していました。北辰一刀流は古い習慣にこだわることなく、合理的に相手を倒すことを追求している剣術であり、渋沢の他には坂本龍馬などがこの流派を習得していました。

コラム

尊王攘夷とはどんな思想？

渋沢栄一も一時期はこの尊王攘夷という思想に傾いたほど日本の武士の間で浸透していた考え方です。

尊王攘夷というのは尊王（天皇を尊敬する）という思想と攘夷（外国人を追い払う）という思想が合体したものです。

元々水戸藩を中心に尊王攘夷思想は存在していたのですが、全国に広まるきっかけになったのは１８５９年の日米修好通商条約です。

この条約で日本は

・関税自主権の欠如
・領事裁判権を認める

という二つの不平等な内容を外国に認めます。

その結果日本に大量の外国製品が流入し日本経済は大打撃を受けます。そうした社会状況が経済悪化の元凶は外国人にあるという意識を芽生えさせ、ついには日本で攘夷論が巻き起こります。

さらに当時の天皇である孝明《こうめい》天皇は超がつくほどの外国嫌いでした。「神国日本を汚すことは絶対にするな！」と意思を表明するほどです。そのため幕府は条約締結の際天皇を無視します。その結果尊王派は、「幕府は天皇を軽視している」と大激怒すると共に、幕府と外国の両者が気にいらないという考えから、２つの思想が合流し尊王攘夷が流行したのです。

特にこの尊王攘夷の思想が強かったのが水戸藩と長州藩です。

長州藩の行動はかなり苛烈なもので京都にて天誅という暗殺行動を起こしたり、長州藩が管轄していた下関海峡を通っていたイギリス船に対して大砲を撃ち込んだりしました。

しかし、その苛烈な行動が仇となり、長州藩はアメリカ・イギリス・フランス・オランダの4カ国の艦隊に下関の砲台を占拠される等強大な力を目の当たりにします。

そこで長州藩等の尊王攘夷派は外国の勢力を追い払うためには西洋並みに国力を高める必要があるという大攘夷思想に変化します。

ちなみに尊王攘夷＝倒幕ではありません。尊王攘夷を支持していても幕府を守る考え方を持っている人はたくさんおり（特に薩摩藩）、その人たちは公武合体といって「朝廷（公）と幕府（武）が手を取り合って外国と対抗しよう」と考えていました。

コラム

攘夷志士の天敵?!　新撰組とは

新撰組は反幕府勢力を取り締まる幕府の警察です。

日本が開国して外国人が街に増えると攘夷を叫ぶ武士たちが京都周辺で天誅《てんちゅう》という暗殺行為を働くようになりました。

時を同じくして当時の将軍である徳川家茂《いえもち》が上洛することになり、将軍を攘夷派から守るための警護部隊を募集します。

こうして集められた浪士達によって壬生《みぶ》浪士組が結成。京都守護職を任されていた会津藩主松《まつ》平容保《だいらかたもり》の下で隊長の芹沢鴨《せりざわかも》を中心とする水戸派の粛清などいざこざがありながらも最終的には8月18日の政変で活躍したこともあり京都守護職預かりとして新撰組が近藤勇《いさみ》の下で誕生します。

新撰組は長州藩の攘夷志士を未然に襲撃した池田屋事件をはじめ、禁門の変（蛤《はまぐり》御門《ごもん》の変）・播磨屋事件・天満屋事件で大活躍し、幕府からも頼られる存在となり、ついには幕臣として立派な武士に取り立てられます。

しかし、社会の潮流は攘夷ではなく倒幕に流れます。旧幕府軍が鳥羽・伏見の戦いで新政府軍に敗北すると一気に劣勢に立たされてしまいました。

さらに、鳥羽伏見の戦いにて錦の旗が新政府軍に建てられることになると新撰組は天皇に刃向かう逆賊というレッテルを貼られます。

　そして戊辰戦争の一つである甲州勝沼戦争に敗北すると隊長であった近藤勇は下総国流山にて捕まり板橋にて斬首刑となりました。副長であった土方歳三は新撰組の残存メンバーを連れて函館まで逃げますがその地にて討死を果たすと新撰組は幕府とともに終焉を迎えます。

コラム

桂小五郎ってどんな人?

桂小五郎(木戸孝允《きどたかよし》)は、倒幕・維新に尽力した西郷隆盛、大久保利通らと一緒に「維新の三傑」と呼ばれている人物です。

1833年、長州藩の本拠地であった山口県萩市の医者の嫡男として生まれます。待望の長男ではありましたが、体が弱く「この子は無事大人になれない」と思われていたので幼い時期に武士の養子に入っています。7歳の時に桂九郎兵衛という長州藩士の末期養子(死ぬ間際に養子を置くこと)に入り、桂小五郎と名乗り武士としての人生を送るようになります。頭の回転も早く10代に入ってからは当時の藩主である毛利敬親《たかちか》から賞賛される程の若き俊英として注目され始めます。

さらに伊藤博文や高杉晋作などを育成した吉田松陰からも兵学を学び、その思想である尊王攘夷に影響されるようになりました。

こうして長州藩で名が知られるようになった桂小五郎は1852年に剣術修行のために江戸留学を藩に許可され、当時江戸の三代道場の一つであった神道無念流《しんどうむねんりゅう》に入門します。

こうして剣術を磨いた桂小五郎でしたが、ペリー来航によって外国人に対する嫌悪感が日本中を渦巻くと小五郎はただ単に攘夷をするのではなく、西洋の技術や役に立つであろう英語などを猛勉強して外国と張り合う大攘夷の思想を形成していきました。

しかし、長州藩は大攘夷の考えを受け入れず京都守護職の松平容保らの排除を目指して挙兵した禁門の変を起こします。結果、長州藩は朝敵とされ、桂小五郎も尊王攘夷を取り締まる新撰組から逃れるために潜伏しつつも藩の失地回復に勤めました。

明治維新後は五箇条の御誓文の発布を始め廃藩置県・四民平等・三権分立など先進的な制度の導入を提言して日本の近代化に尽力しますが、次第に政府中枢から遠ざかっていき、病弱体質が仇となり、45歳でこの世を去りました。

コラム

幕末の風雲児として今でも根強い人気がある坂本龍馬

坂本龍馬は1836年、土佐藩の下士の家に生まれます。

当時の土佐藩は代々藩主である山内家の家臣（上士）と長宗我部《ちょうそかべ》家の家臣（下士）の二つに分かれており、上士と下士の間には比べ物にならないほどの格差がありました。龍馬が生まれた実家は下士ですが、武士として働いている一方で商売も行っていたため裕福な家庭だったようです。

18歳になった龍馬は剣術修行のための江戸に留学します。そこで攘夷志士となり、土佐藩の過激なグループである土佐勤王党に所属して攘夷活動を活発に行ないますが、次第に価値観のズレが生じて土佐藩を脱藩します。

その後幕府の重役であった勝海舟の弟子になり海運技術を習得し、この経験をもとにして長崎に海運事業を行う組織である亀山社中を設立します。龍馬は盟友である中岡慎太郎と共に当時の朝敵であった長州藩と薩摩藩の同盟締結のために奔走しました。

当時、薩摩藩と長州藩は武力衝突するなど仲が悪く、本来であれば手を結ぶなんて考えられないことでしたが、龍馬は設立した亀山社中をフル活用して長崎のグラバー商会から銃を薩摩藩名義で長州藩に買い付けさせる等、両藩の経済的な関係性を強めることで薩長同盟を成立させます。

その後は寺田屋事件などで襲撃されながらも徳川将軍家が政治の実権を朝廷に返上する大政奉

還を土佐藩主である山内容堂《ようどう》に提案し実現させます。

こうして偉業を成し遂げた龍馬でしたが、恨む者も多く大政奉還が実現してから１ヶ月後に近江屋で暗殺されてしまいます。もし、龍馬が近江屋事件によって暗殺されていなければ岩崎弥太郎や渋沢栄一に並ぶ実業家になっていたかもしれません。

コラム

『せごどん』として鹿児島県民だけではなく日本中から愛されている西郷隆盛

西郷隆盛は1827年、薩摩藩の下級武士の家に生まれます。同じく維新の三傑である大久保利通とは幼馴染でした。

元々は武芸の道に進んでいたのですが、妙円寺詣りの時に仲間と喧嘩したことにより刀が上手く振れなくなってしまい、武術を諦め学門で身を立てようと勉学に励みます。（諸説あり）

その後当時の薩摩藩主である島津斉彬《なりあきら》の目に留まり付き人として取り立てられます。

島津斉彬はこの当時の大名としてはかなり開明的な考え方を持っており、西洋技術の導入などのさまざまな近代的な政策を行なっており、その思想が西郷隆盛に強い影響を与えます。

しかし、斉彬は1858年49歳の若さで急逝。新藩主となった島津忠義《ただよし》や藩の政治を掌握していた島津久光《ひさみつ》との折り合いが合わず奄美大島や、沖永良部島に流罪にあってしまいます。

しかし、大久保利通や小松帯刀などが必死に奔走した結果、隆盛は藩政に復帰します。

復帰したのちは薩摩藩の代表として薩長同盟の締結や、新政府軍の司令官（戊辰戦争当事）として江戸無血開城を成し遂げるなどの成果を上げます。

江戸無血開城後は政治から引退して故郷の鹿児島に帰郷したのですが、新政府からの強い要請があって1871年に政府の重役である参議に就任。岩倉使節団として岩倉具視《ともみ》や大久保利通がヨーロッパを来訪している時に留守政府を任されました。

しかし、朝鮮との外交問題が浮き彫りになってくると征韓論を主張して大久保利通と対立し、意見を退けられたため、明治政府をやめて故郷の鹿児島へ帰ります。

そんな矢先に身分を失いかけていた武士たちが各地で反乱を起こすようになり、鹿児島でも士族たちが隆盛を担ぎ出して西南戦争を起こします。隆盛は新政府に対立することを良しとはしませんでしたが、最終的に反乱軍のリーダーとなり最期は城山にて自決しました。

死後は反乱軍の大将として朝敵とされていたのですが、彼の人柄を愛していた明治天皇や、黒田清隆などの働きもあり大日本帝国憲法の発布と共に大赦が下され、賊臣という汚名から解き放たれました。

コラム

銃や大砲と刀どっちが主流？

武士といえば腰からぶら下げている刀が印象的ですが、戦となると鉄砲や大砲には敵いませんでした。そもそも刀が戦いの主役として認識されるようになったのは江戸時代からだと言われています。

武士という身分が誕生したのは鎌倉時代ですが、この頃の主役は弓です。弓が上手い人＝強い人であり『鎮西八郎』と恐れられていた源為朝《ためとも》や、屋島の戦いにおける扇の的伝説で有名な那須与一などが弓の名人として知られています。

戦国時代に突入しても刀はあまり重要視されてはおらず、遠くから相手に攻撃できる槍が主流でした。１５４３年に種子島に鉄砲が伝来すると爆発的に普及を始めます。雨の時には使えないことや火薬が高価だったというデメリットがありながらも戦国大名が多用するようになりました。

それに比べて刀はあくまでも奥の手としてしか使われず、どちらかといえば観賞用・褒美用に与えられることの方が多かったとされています。

そんな地味な刀の存在が重要視されるのは江戸時代に入ってからです。江戸時代は、戦争や反乱は起きなくなり戦う道具の価値は下がります。一方で身分制度が確立されて武士身分が明確化すると幕府などは武士に特権を与えるようになります。武士は身分の証明として大小二本の刀を差すように決められました。これが本差と脇差です。武士の剣術は結局、儀礼的・象徴的な意味合いが強く、戦の時はやはり鉄砲の方が主流でした。

戊辰戦争の頃になると新政府軍の主な武器は鉄砲や大砲などに変わり、刀はほとんど使われていません。それでも武士に刀を捨てさせた廃刀令が士族反乱の原因の一つになるなど、刀は武士の魂として認識されるようになりました。

第2章 絶望の幕末から希望のフランスへ

1864年渋沢栄一は、一橋（徳川）慶喜に仕え人生の転機を迎えます
その前に簡単に時代の解説
この頃攘夷派の薩摩藩とイギリスの「薩英戦争」が勃発
ゴゴゴゴゴ
結果は引き分けだが、幕府が賠償金を払い講和。
そして池田屋事件。尊王攘夷派の長州藩がテロ計画の会合を池田屋で行います。
新撰組だ
ダッ
しまった
そこへ、会合の情報を聞きつけた新撰組が尊王攘夷派を粛清。

佐久間象山暗殺
西洋文化を研究し、積極的に日本に取り入れ日本を豊かにしようとしました
その為に一橋（徳川）慶喜《よしのぶ》に「開国論」と「公武合体論」を説いた
う〜ん
欧米化を受け入れ国を強くするべきだ
西洋かぶれめ
ギラッ
しかし彼の思想は早過ぎて尊王攘夷派に暗殺される
その後、勝海舟、吉田松陰、高杉晋作らが思想を受け継ぐ
勝海舟
吉田松陰
高杉晋作
功山寺挙兵、高杉晋作クーデターを起こす
まだ戦争は終わらないの？
ペチャクチャ
また、暗殺だって
今日も2件目よー

…となんとも物騒な時代です
だんご
高杉の奇兵隊って農民、町人、僧侶まで参加してるってよ
ふへ～
そんな最中京都に着いた渋沢は…
江戸で学んでいた、ってをたどって〝平岡円四郎〟の元で働いていた
一橋（徳川）家の家臣で慶喜《よしのぶ》の近侍※です
※家老並
ここで経済的な手腕を発揮します
こちらの見積りですが…
うむうむ
良いコストカッターだ
それもそのはず栄一は幼い頃から父親に英才教育を受けていました

栄一、立派な人になるには
知識がなければいけないよ
学問を身につけ
本が読めるようになりなさい
はい!!
「三字経《さんじきょう》」
パシッ
三字経
これは、何ですかっ
「三字経《さんじきょう》」とは中国で子供が
字を覚えるために使った
教科書のような本
・・・・
・・・・
・・・・
道徳、歴史、学問などを
わかりやすく書いてありました
次第に教わる本は難しくなり
やがて「論語」を学ぶようになります
ドン
論語
ヒィ
七歳の頃にはいとこの漢学者に
学問を教わっていました
本は好きな姿勢で
読んでいいんだよ
かしこまかなくて
よいよい
ゴローン
わーい
楽ちんだ

栄一14歳の頃…
お父さんは明日、藍の葉を買いに行けなくなってしまった
そこで…
栄一に買いに行ってほしい
え?!
一人で
大丈夫‼ 私と何度も藍の葉を買いに行ったろ
栄一なら「葉の良し悪し」を見わけられるよ‼
わかりました‼ 行って来ます
翌日
じゃぁ頼んだよ
ペコ
ボクなら出来る ボクなら出来る
ブツ
ブツ

さてと…
パン パン
らっしゃい らっしゃい
ん?!
ザワ
・・・
う〜ん
高いな
コレはアレで
はらへった
ザワ
よぉ!! 渋沢の坊ちゃんじゃねーか 旦那はどうした?!
!!
父は用事があって 今日はボク一人で 来ました
そっそうかい
・・・・・
ニヤ
じゃ、ウチで買って行きな
坊ちゃん よかったな
ハハハハ
特別に安くして あげるよ!!
ペッ
じーー
コレとコレなんか どうだい?!
・・・・

おじさん…両方ダメだよ
この葉は栄養不足
こっちは乾燥が不十分
じゃないか
・・・・
いや…さすが渋沢家の跡取だ!!
おみそれした!!
将来、大物になるぞ
ビク
その日、上質の葉を安く買ってきました。
すごくサービスしてもらっちゃった…
いい人達だなァ
この時の経験が現実的な合理主義の思想に繋がったとされる

栄一24歳の頃…
これまでの働きが認められ
徳川家の幕臣として、謹んでお受けいたします
平岡円四郎の推挙により
一橋（徳川）慶喜《よしのぶ》に仕える
農民から武士になったのです
ジャーーーン
ちなみに、一橋（徳川）慶喜は
徳川幕府最後の将軍
尊王攘夷《そんのうじょうい》や
倒幕思想は
胸にしまっておこう
そして、一橋家の領内を巡回して
農兵募集に携わったり
非常時、異国と
戦ってくれる人募集です
暗算も得意!!
兵糧の売買をし、「勘定組頭」※に
まで昇進した

※幕府財政や農政を担当

ところが…
渋沢殿、ごくろう様でした
ペコ
いい会談ができたよ
た、大変だっ
タッ
!?
ひっ平岡殿が
なっなんだって
栄一が出張から戻ってみると平岡円四郎は暗殺されていた
1822年～1864年
享年43
徳川慶喜により近江守に叙任された2週間後の事だった
幕末の政治はめまぐるしく徳川幕府と長州藩の戦争が開始（長州征伐）
絶望
平岡殿…
絶望2
次、死ぬのはボクだ
ザッザッ
1865年栄一も出征します

この混乱に乗じて故平岡円四郎の後釜を狙う者
サイテー
コソ
コソ
保身
薩摩藩と通じ倒幕を企てる者
誰も信じられない
保身
暗殺
絶望3
裏切り
陰謀
もう幕臣は辞めよう
その年11月…
私の弟、昭武がフランスのパリで開かれる万国博覧会に出席する事になった
はぁ…
弟のお供をするように!!
へ?!
あの、戦闘集団長州も敵わなかった欧米列強を生で見れる!!
栄一27歳 花の都パリへ

コラム

渋沢栄一が仕えた一橋家とはどんな家だったのか？

渋沢栄一が仕えることになった一橋家とは徳川吉宗《よしむね》から代々続いている御三卿の一つです。

御三卿とは、徳川吉宗がこれまであった御三家（尾張徳川家・紀州徳川家・水戸徳川家）に加えて新しく創設した親藩の一種であり、御三家に準ずる家柄を保持して石高も幕府領から10万石が与えられるほどでした。

しかし、この御三卿は御三家とは違い、決まった地域を治めることはせずに各地に点々とあった幕府領を合わせて10万石という計算だったこともあり、当主は常に江戸にいなければいけませんでした。

さらに御三卿には当主がいなくても家を存続させても良いことになっており、明屋敷という形でしばらくの間放置してもいいという形となっていたのです。

そのため、御三卿に関しては家の存続について あまり考える必要はなく、例えば田安徳川家出身の松平定信は白河松平家に養子として出されることもあれば、その必要もないのに水戸徳川家から一橋慶喜が養子となった様に御三家出身人が当主となるパターンもありました。

江戸幕府の親藩の中でも特殊な位置にいる御三卿ですが、その中でも一橋家は吉宗の四男の徳川宗尹《むねただ》が家祖《かそ》となり代々受け継がれていきました。

この一橋家の最大の特徴は将軍を輩出していることです。一橋慶喜も第15代将軍として就任していますが、それ以前に第11代将軍である徳川家斉《いえなり》が一橋家から将軍に就任していました。

さらに徳川家斉が55人の子供をもうけた事によって様々な藩主の血に一橋家の血筋が入り、一橋家は幕府内で重要なポストに就くことになりました。（東京大学の赤門は徳川家斉の娘である溶姫が加賀前田家に輿入れするときに建てられものです）

コラム

徳川昭武ってどんな人？

徳川昭武《あきたけ》は、江戸幕府15代将軍・徳川慶喜の弟です。慶喜の後継者として期待され、幻の将軍と言われるほどの才能豊かな人物でした。

昭武は、1853年に水戸藩江戸中屋敷で誕生します。1863年には京都に上り、動乱の京都で水戸藩の藩主代理として活動し、禁門の変や天狗党の乱などでは藩兵を率いて出陣するなど将来を嘱望《しょくぼう》される人物に成長します。

1866年には、当主不在だった御三卿の一角・清水家を相続し、再興しました。さらに、翌年には、慶喜は、当時13歳だった昭武を将軍の名代として、フランスで開催されたパリ万博に派遣します。この時のお供の一人が渋沢栄一です。この使節団派遣の狙いは、日本の統治者は幕府であることを世界に知らしめることでした。

昭武は若いながらもナポレオン3世に謁見するなど、宮廷外交を行います。また、世界各国からの資金調達も重要な任務でした。万博終了後も昭武は欧州に残り、スイス、オランダ、ベルギー、イタリア、イギリスなどを歴訪しました。この昭武を欧州各国のメディアは「次期将軍」として報じます。

しかし、この渡欧中に、慶喜が政権を朝廷に返上（大政奉還）したため、幕府のための資金調達という目的が不要となり新政府からの帰国命令が出されました。

晩年は悠々自適な隠棲生活

昭武は、１８８１（明治４）年に廃藩置県で藩知事を免じられるまで水戸藩を治めます。その後は陸軍の教官として将校の教育にあたりました。

しかし、昭武は不幸にも30歳の時に妻を亡くしてしまいます。この時、昭武は陸軍を辞め、隠居願いを出し、政治や軍などの表舞台から身を引きました。その後は一切政治などに関わらず、今の千葉県松戸にある戸定に邸宅を築き、作陶や作庭、写真など芸術や趣味の世界に生きました。この昭武が心血を注いで作った邸宅は戸定邸《とじょうてい》と名付けられ、建物は国の重要文化財に、庭園は国の名勝に指定されています。

この時期以降、同じく隠居した兄の慶喜などとも交流し、写真などお互いの共通の趣味で楽しく過ごしていたようです。

コラム

幕府内の肩書を解説

江戸幕府は、約260年に渡って日本を統治してきました。戦乱の世を治めて以降、戊辰戦争まで大きな騒乱もなく、平和に治めてきたことは世界史上でも特筆すべきことです。その統治を行った職制もまた機能的だったと言えるでしょう。そこで、ここでは江戸幕府の主な職制・肩書をご紹介します。

①大老

幕末では彦根藩主だった井伊直弼《なおすけ》が就任したことで知られる役職です。この大老は、臨時職で、通常の政務を取り仕切る老中よりも上位の役職です。重要な政策決定にのみ関わることとされ、その判断は絶対的なものでした。井伊直弼が独断で諸外国との通商を認めたのは、こうした権限があったからです。

②老中

老中は通常時に政務を取り仕切る存在で、主に2万5000石以上の譜代大名が任命されました。この老中は複数人が月番制で政務を執《と》っていました。また、配下に奉行などを置き、間接的に日本国全体の統治を行っていました。今でいう、閣僚のような存在だと考えてもらえればイメージがつかめるでしょう。

③若年寄

老中が全国の統治を担当するならば、若年寄は旗本や御家人などに将軍家の家政を担当する役職でした。この若年寄から老中に出世するケースは多く、幕政を担う人材が通過する登竜門的な役割を果たしました。

④奉行

老中や若年寄の配下で、実際の政務を担当するのが奉行です。その中で、特に重要な役職は、町奉行・寺社奉行・勘定奉行です。江戸の治安を守るのが、町奉行です。大岡越前や遠山（金四郎）景元などが有名です。寺社奉行は、全国のお寺や神社を管理監督する役割を担いました。勘定奉行は幕府の財政を司る財務の最高責任者です。他にも、重要な天領を直轄支配する奉行職（長崎奉行や京都町奉行など）が置かれました。

⑤大目付

諸代大名、特に外様の大名や朝廷を監視する役割を担ういわば監察官です。主に謀反の動きがないかどうかを探ります。

⑥京都所司代

江戸幕府は、将来幕府を倒そうする勢力が出てきたら朝廷に接近すると考え、京都の治安維持

コラム

の名目で朝廷や公家を監視する役割を担ったのが、京都所司代です。この読みは当たり、幕末の京都では尊王攘夷派の志士や諸藩の武士が集まり、騒ぎを起こしました。

幕府の職制は、最終的には将軍家を守ることを第一にして作られたものでしたが、この巧みな職制を通じて、全国で騒乱の芽を摘んだことで、２６０年にも渡る平和な時代を築くことにつながったのです。

第3章 パリ万博で文明開化の兆し

1867年パリ親善使節の一行（25名）は仏国郵船アルヘー号に乗り横浜を出港した
クー
クー
バンザーイ
気を付けてねー
栄一は、「御勘定格陸軍付調役」※の肩書きを得て
徳川昭武の随員として渡航する
※会計経理担当
徳川昭武《あきたけ》13歳は慶喜の異母弟。
斉昭
慶喜
昭武
水戸藩主徳川斉昭の十八男が昭武七男が慶喜
子供の昭武《あきたけ》が乗船したのは「日本の政府は徳川幕府であり天皇ではない」とアピールする為
また、次の日本の将軍になる人（なるかも知れない人）と紹介する為だったようです
ズイッ
うっ…
…なので実質的な交渉やプレゼンは向山黄村《こうそん》さん率いる専門家軍団でした

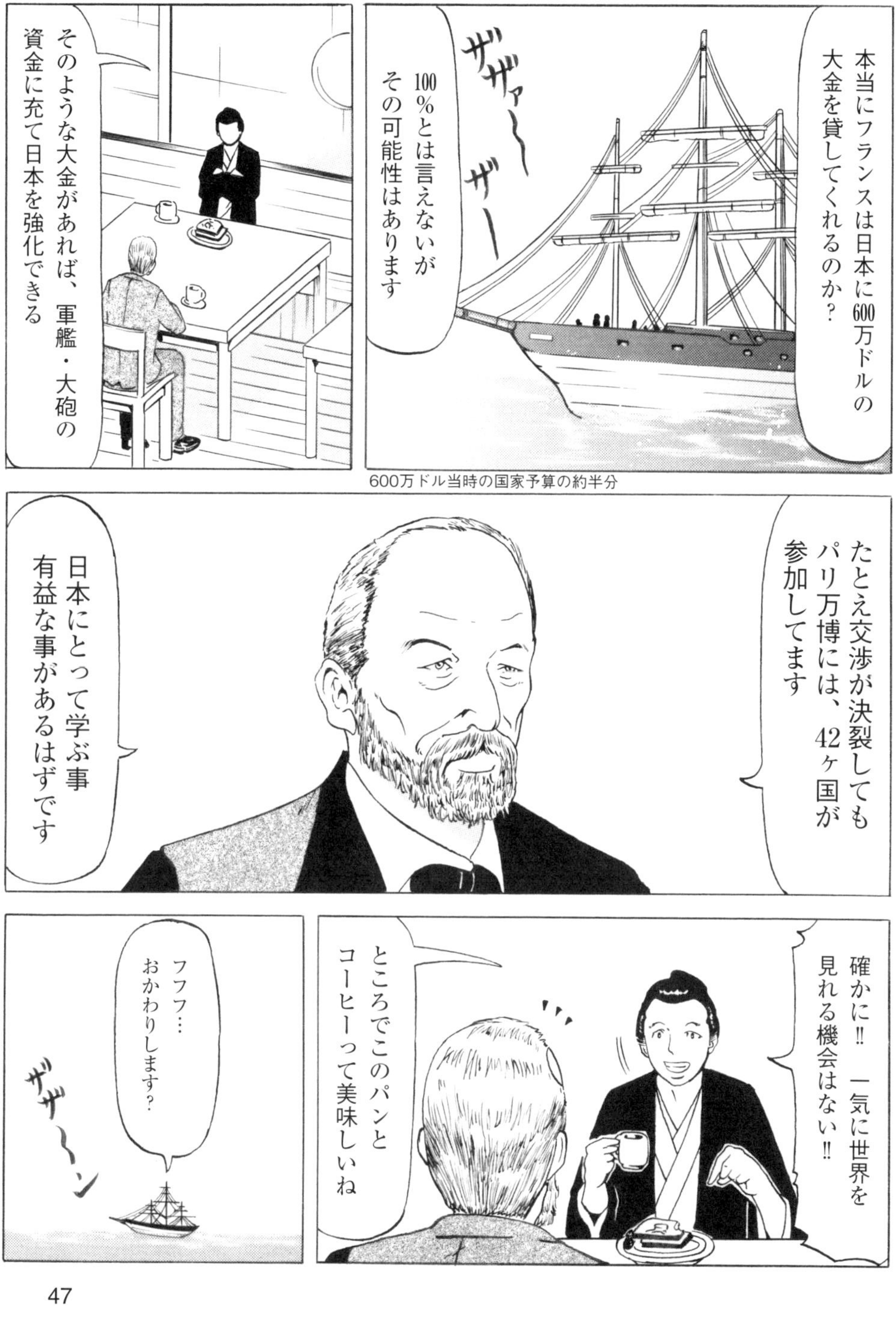
本当にフランスは日本に600万ドルの大金を貸してくれるのか?
ザザァ〜〜
ザー
100%とは言えないがその可能性はあります
そのような大金があれば、軍艦・大砲の資金に充て日本を強化できる
600万ドル当時の国家予算の約半分
たとえ交渉が決裂してもパリ万博には、42ヶ国が参加してます
日本にとって学ぶ事有益な事があるはずです
確かに!! 一気に世界を見れる機会はない!!
ところでこのパンとコーヒーって美味しいね
フフフ… おかわりします?
ザザ〜ン

一行は香港、サイゴン、シンガポール
セイロン、アデン、マルセイユ
リヨンを経て4月パリに着きました
ジャーーーン
うわぁ〜〜〜
ワイ
ワイ
横浜出港から56日目です
町、学校、病院、造幣局など
見学しました
こちらでーす
ゾロゾロ
どの建物も
立派だ
外国文明は
素晴らしい
出てけ
尊王攘夷
追い出せ
嫌いだ
外国人排斥
ブツ
ブツ
相手を知らないのに
軽蔑するのは
よくない事だな
NO HATE!!
!!
これは？

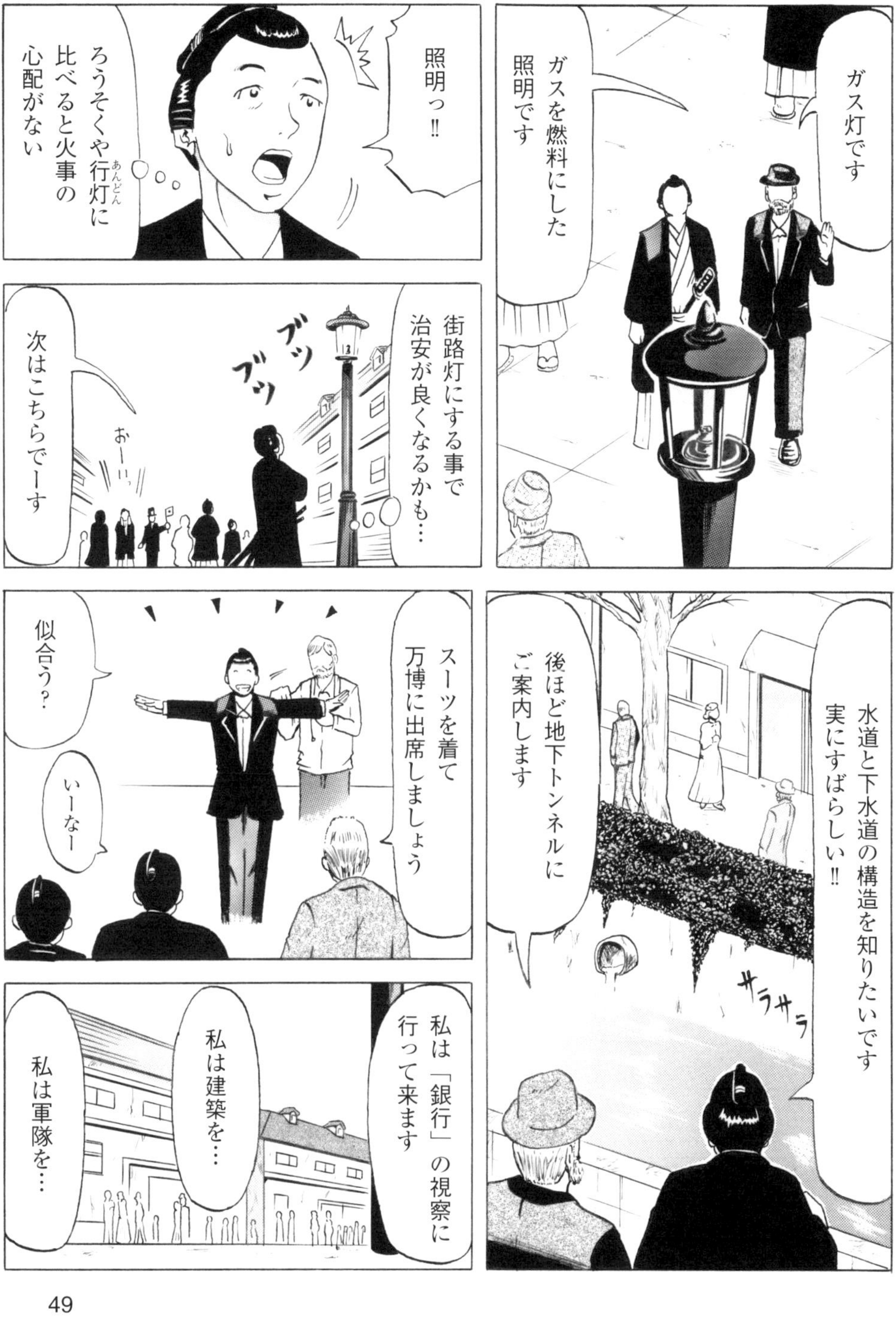
ガス灯です
ガスを燃料にした照明です
照明っ!!
ろうそくや行灯《あんどん》に比べると火事の心配がない
ブツブツ
街路灯にする事で治安が良くなるかも…
おーーっ
次はこちらでーす
水道と下水道の構造を知りたいです
実にすばらしい!!
後ほど地下トンネルにご案内します
サラサラ
スーツを着て万博に出席しましょう
似合う?
いーなー
私は「銀行」の視察に行って来ます
私は建築を…
私は軍隊を…

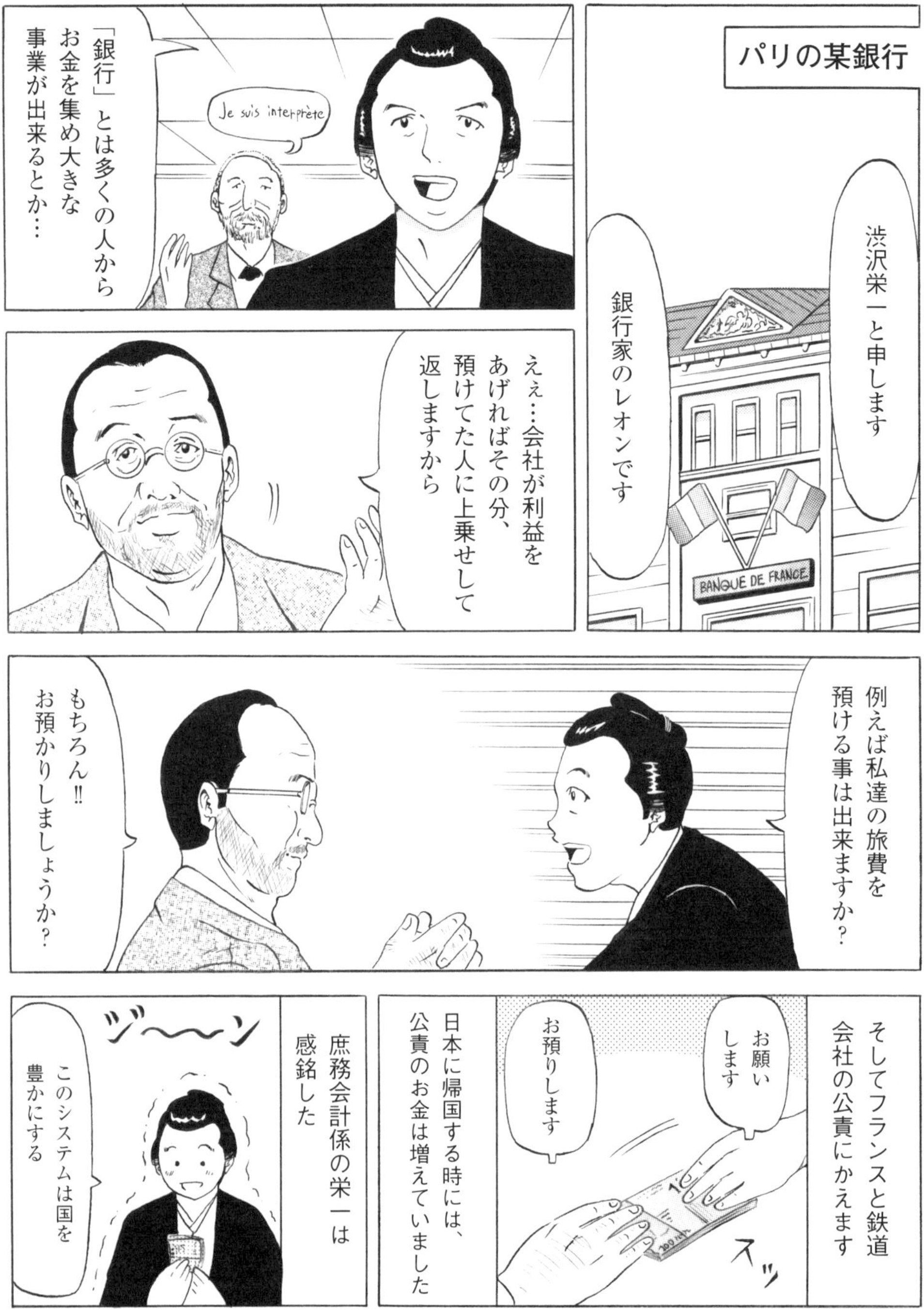
パリの某銀行
渋沢栄一と申します
銀行家のレオンです
Je suis interprète
「銀行」とは多くの人からお金を集め大きな事業が出来るとか…
えぇ…会社が利益をあげればその分、預けてた人に上乗せして返しますから
例えば私達の旅費を預ける事は出来ますか？
もちろん!!お預かりしましょうか？
そしてフランスと鉄道会社の公責にかえます
お願いします
お預りします
スッ
日本に帰国する時には、公責のお金は増えていました
庶務会計係の栄一は感銘した
ジ〜〜ン
このシステムは国を豊かにする

ちなみに「株式」のシステムでしたら銀行でなくてもお金を集めて事業が出来ますよ
リスクもありますが
詳しく!!
町を歩き、会社を知り色んな方とお話しただけで
大変勉強になりました建物一つでも感心するばかりです
日本は鎖国してる間に大きく遅れてしまったんだな
栄一は郷里の尾高惇忠《あつただ》※（従兄）に手紙を書きます

※尾高惇忠　富岡製糸場の初代場長

西洋の開化文明は、聞いていたより数倍も上で驚くことばかりです。日本にいては想像もつきません。私は外国に深く接し、良い所を学び我が国の為に役立てられるよう知見を広げます。物価も日本より5～6倍高くて大変です。

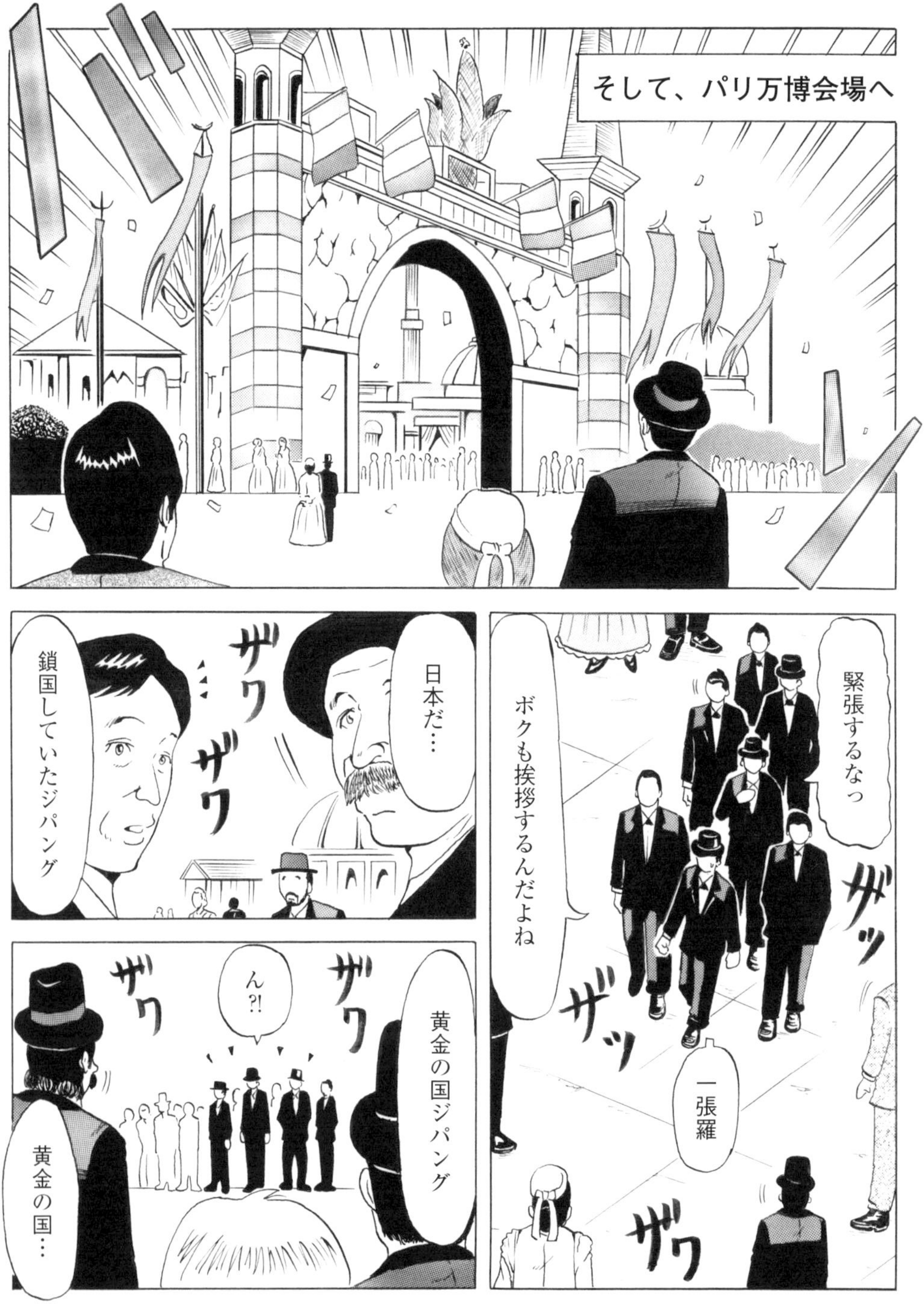
そして、パリ万博会場へ
緊張するなっ
ボクも挨拶するんだよね
ザッ
ザッ
一張羅
ザワ
日本だ…
ザワ
ザワ
ザワ
鎖国していたジパング
黄金の国ジパング
ザワ
ん?!
ザワ
黄金の国…

ク
日本は熱烈な歓迎を受けます
・・・・
ぜひ、私に接待させて下さい
パリ万博はレジャーが充実しており水族館や
キレイ
こちらが海水で…あちらが淡水です
オペラ
ヅ〜〜〜ン
ラ〜〜♪
音楽は芸術だ感動♡
競馬の接待も受けたそうです
そのまま そのまま
行け!!
差せ 差せ
負けたー
ハハハハ
勝ったケド黙っておこう
楽しい
さぁお疲れでしょう食事に案内しますよ

鎖国して、遅れている国がやって来たんだ
こちらへ―
上手くいけば我が国の製品を大量に売れるかもしれない
工業品を売る
武器を売る
資材を売る
ゾロゾロ
レストランって大衆食堂のことか？
みなさん、どんどん召し上がって下さい
バターウマっ
モグモグ
グビグビ
ワイン最高―っ
噂ではフランスから「600万ドルも貸りる」って話だからなチャンスだ
…ところが様々な事情により日本は600万ドル貸りる事は出来ませんでした
そんなぁ～アテにしてたのに…
Non!!
Excuse - moi !
ごめんなさい
次は、私達と回りましょう
外国人って親切だなァ
お金が無い人にはやさしいのかな？
明日、ゆっくり話しましょー
ペコ
ゾロゾロ

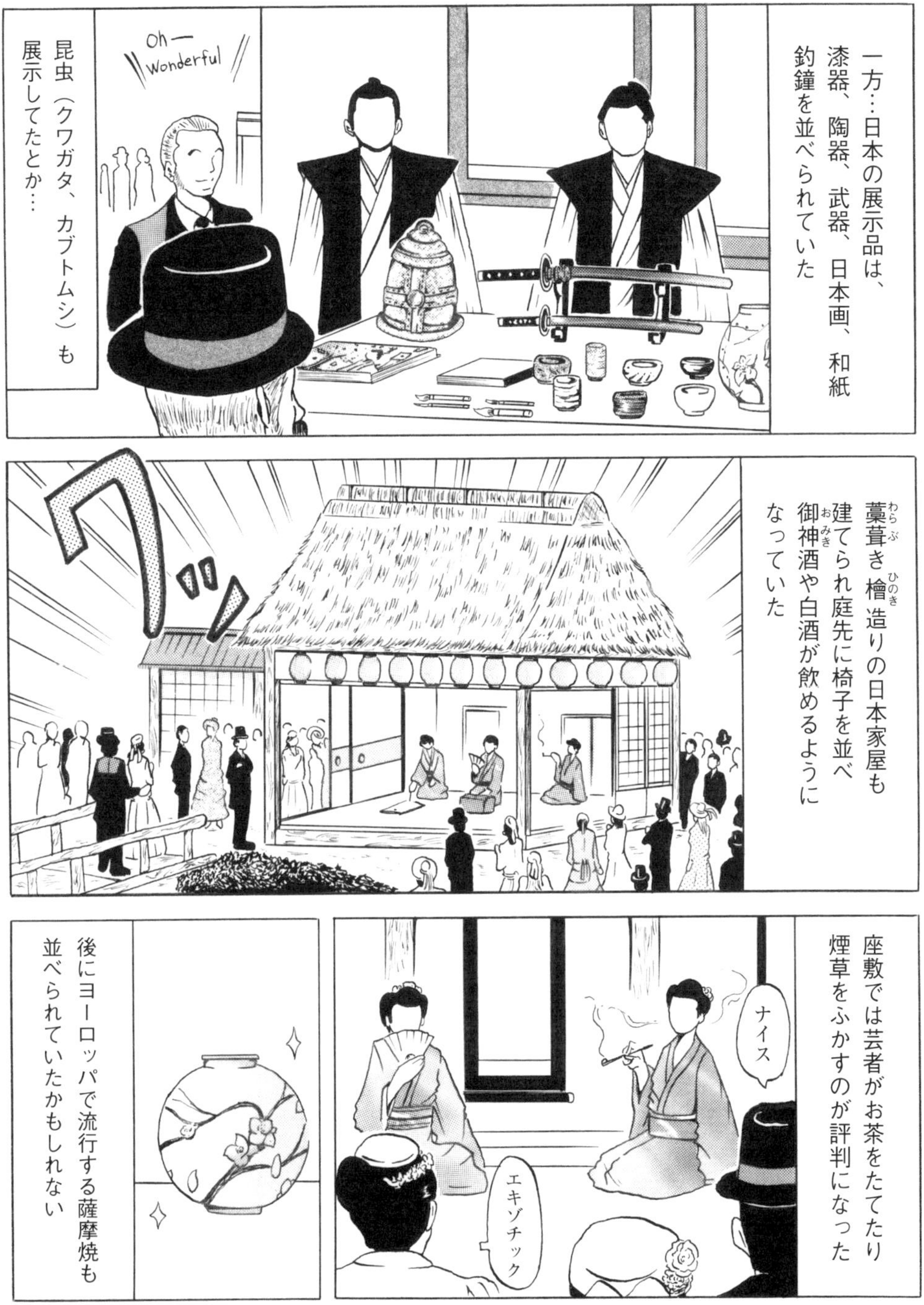
一方…日本の展示品は、漆器、陶器、武器、日本画、和紙
釣鐘を並べられていた
Oh— Wonderful
昆虫（クワガタ、カブトムシ）も展示してたとか…
藁葺《わらぶ》き檜《ひのき》造りの日本家屋も建てられ庭先に椅子を並べ御神酒《おみき》や白酒が飲めるようになっていた
ワッ
座敷では芸者がお茶をたてたり煙草をふかすのが評判になった
ナイス
エキゾチック
後にヨーロッパで流行する薩摩焼も並べられていたかもしれない

栄一も各国の展示品を見て回る
ザワザワ
すごい人と展示品だ
じーー
興味を示めしたのは農耕機と紡績機械
イギリス製よりアメリカ製の方がすぐれてる
フムフム
カタカタ
コレを買うからアレを値引きしてくれ
アレも買うならコレは値引きするよ
そういえば、紙幣が金《キン》と同じように流通している
金、銀の質量単位の取り引きじゃないんだな
日本にも紙幣があれば
札束
＝
千両箱
ズッ
高額な取り引きでも簡単に出来る

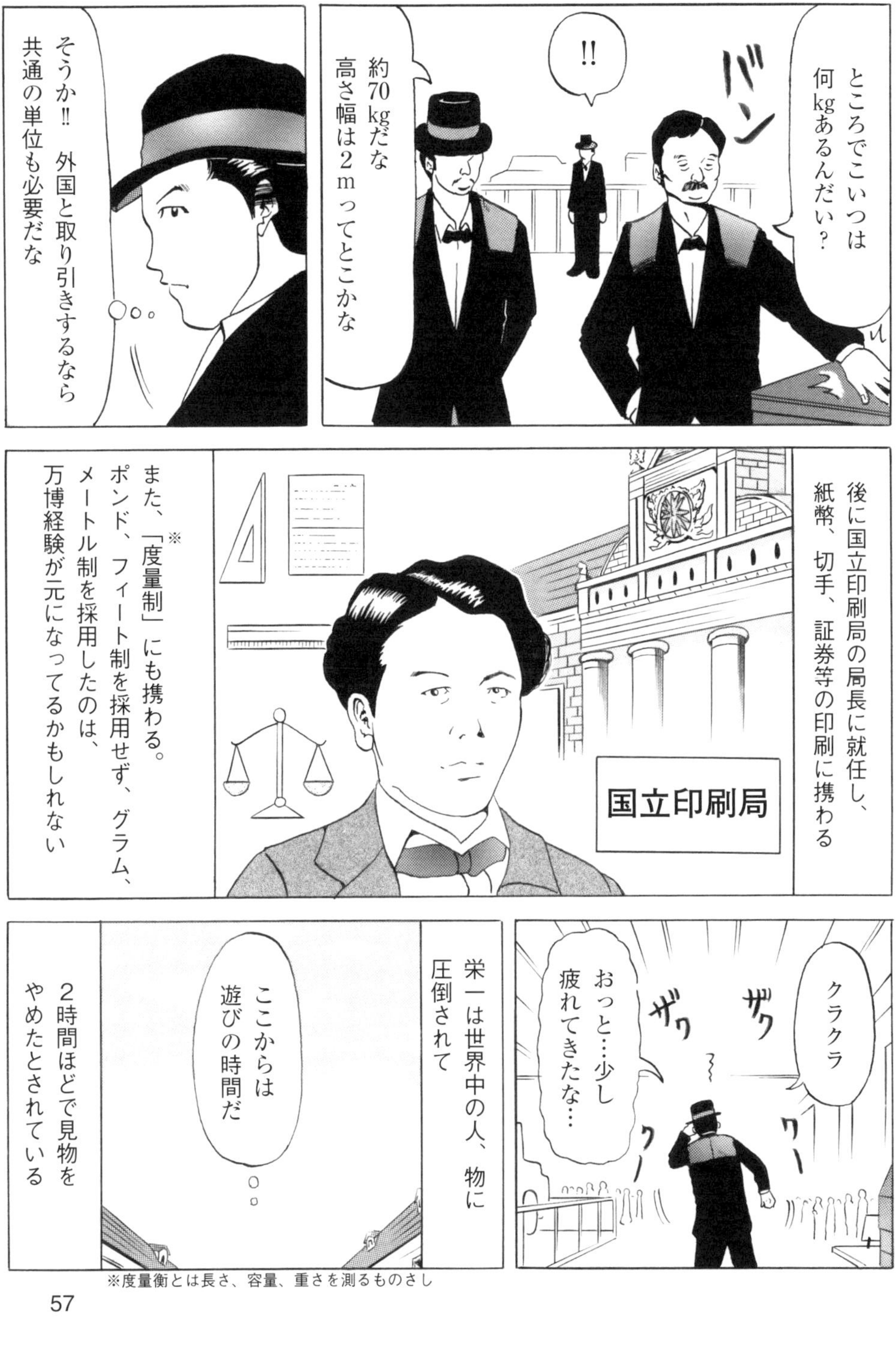

※度量衡とは長さ、容量、重さを測るものさし

万博見学後は、ゆっくりパリを探索
栄一散歩
今日の散歩コースは「パリ」
美術館に寄ったり（ルーブル美術館はまだない）
アートは爆発だ
凱旋門を見て動植物園に行き
でっかい門だ
気球に乗ったり（乗ってないかもしれない）
わーーい
見れども見れども飽きる事がない
文明も人も新しい発見ばかりだ
・・・・・・

フランスは、日本のように武士、役人が優位で
頭が高い
ようこそフランスへ
庶民は劣位に扱う、「官尊民卑」がなかったなぁ
この国なら、武士の子も農民の子も分け隔てなく、
遊べるんだろうなぁ
経済の発展だけじゃなく
社会事業にも目を向けないといけない
妻と子にこの景色を見せたいな〜
栄一は西洋を深く学ぶ為言葉を勉強し、髷を切り日常も洋服を着ることにした

そしてパリからスイス、オランダ
ベルギー、イタリア、イギリスを
訪問します
シュゴォォォォォ
機関車速ぇー
わー♡
俺にも見せろよ
鉄道スゲー
鉄道があれば全国に物資を運べる
もう、馬や駕籠の時代じゃないんだな…
プル プル
渋沢殿かわってくれよ 私も景色が見たい
俺も待ってんだぞ
各国の要人と会います
ワー ワー
Welcome
うれしい
ジ〜ン

中でもベルギー国王レオポルド一世との出会いは特別でした。
ガシッ
日本が発展する為には「鉄」を使う必要があります
私の国では良質な鉄を多く作ってます
日本で鉄を使うときは、ベルギーの鉄を使って下さい!!
もちろん、ご予算に合わせてご相談にのりますよ!!
ワハハハハ
……
国王が商売《ビジネス》やお金の話をしてる…。

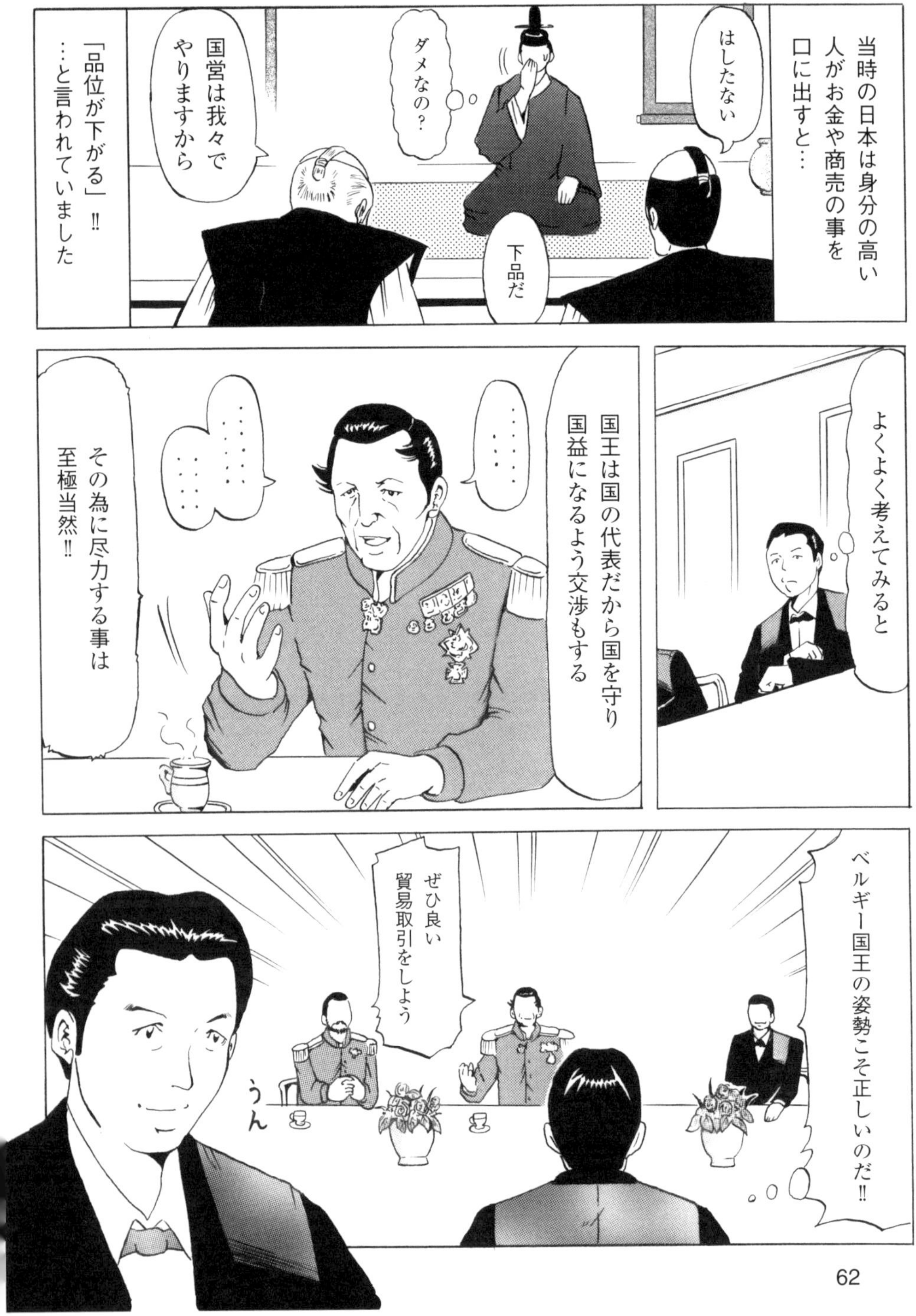
当時の日本は身分の高い人がお金や商売の事を口に出すと…
はしたない
ダメなの？
下品だ
国営は我々でやりますから
「品位が下がる」‼
…と言われていました
よくよく考えてみると
国王は国の代表だから国を守り国益になるよう交渉もする
……
……
その為に尽力する事は至極当然‼
ベルギー国王の姿勢こそ正しいのだ‼
ぜひ良い貿易取引をしよう
うん

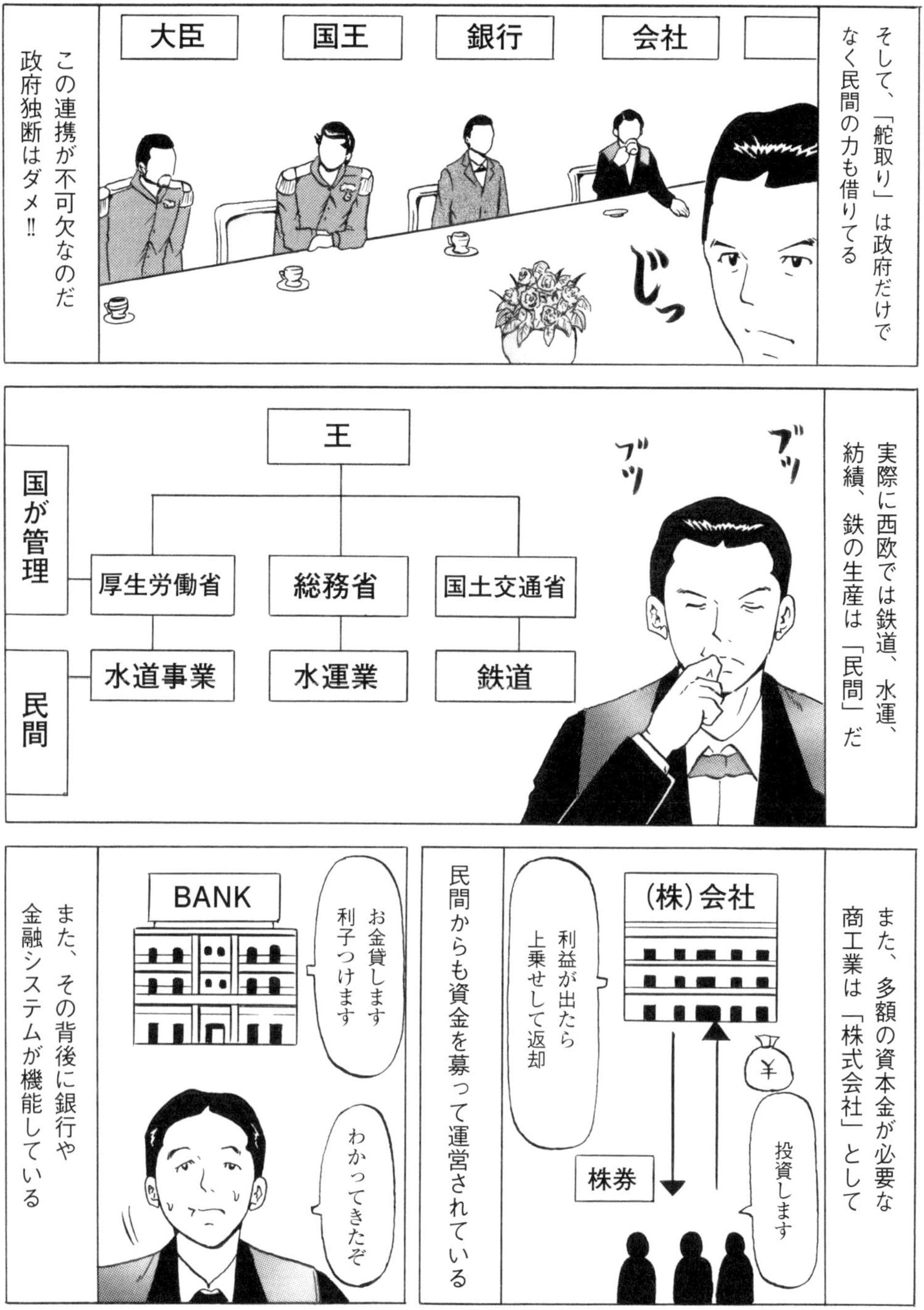
そして、「舵取り」は政府だけでなく民間の力も借りてる
大臣
国王
銀行
会社
じっ
この連携が不可欠なのだ
政府独断はダメ!!
実際に西欧では鉄道、水運、紡績、鉄の生産は「民間」だ
ブツ
ブツ
王
国が管理
厚生労働省
総務省
国土交通省
民間
水道事業
水運業
鉄道
また、多額の資本金が必要な商工業は「株式会社」として
(株)会社
¥
投資します
株券
利益が出たら上乗せして返却
民間からも資金を募って運営されている
また、その背後に銀行や金融システムが機能している
BANK
お金貸します
利子つけます
わかってきたぞ

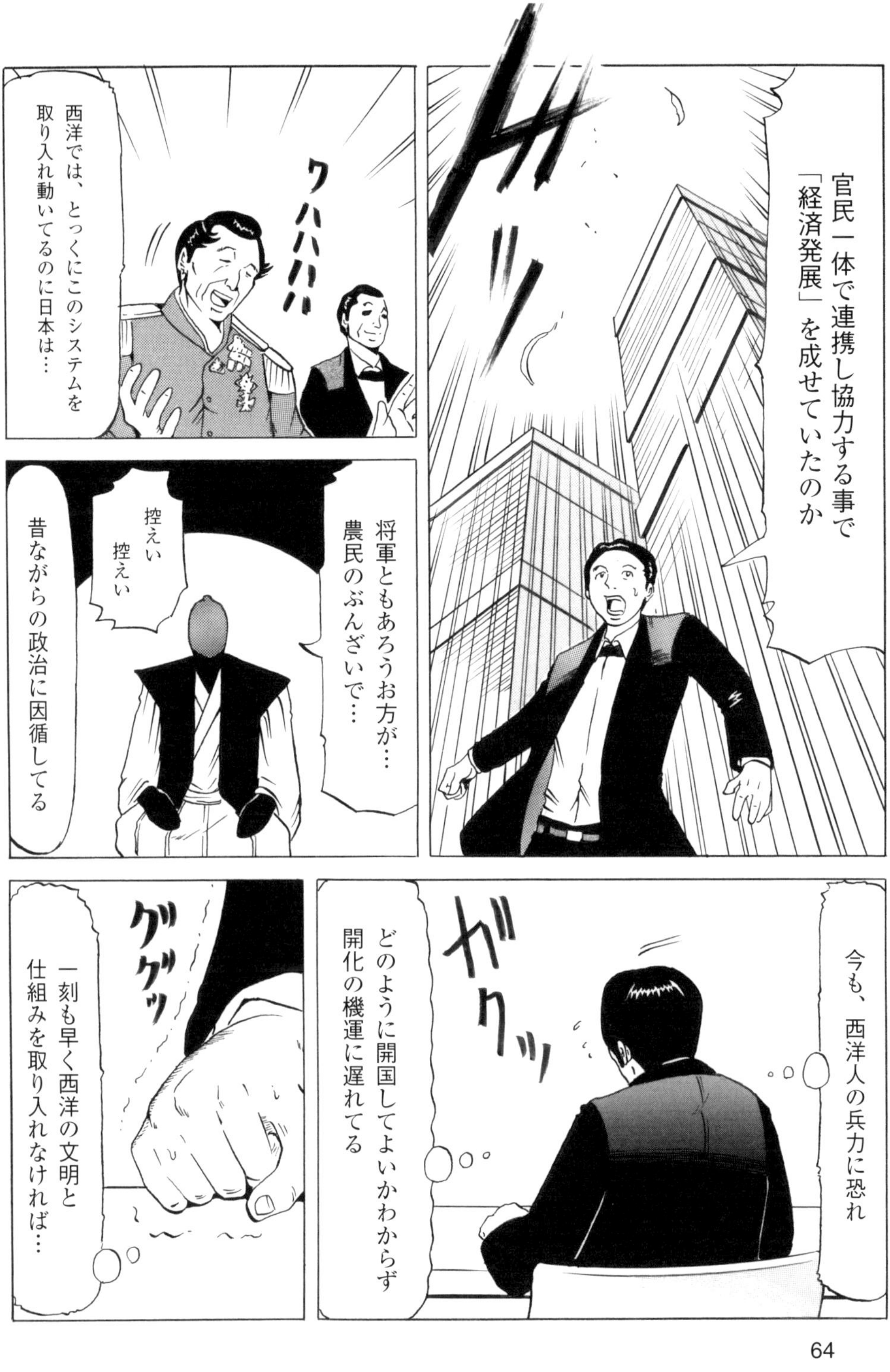
官民一体で連携し協力する事で「経済発展」を成せていたのか
ワハハハハ
西洋では、とっくにこのシステムを取り入れ動いてるのに日本は…
将軍ともあろうお方が…農民のぶんざいで…
控えい 控えい
昔ながらの政治に因循してる
今も、西洋人の兵力に恐れ
ガクッ
どのように開国してよいかわからず開化の機運に遅れてる
グッグッ
一刻も早く西洋の文明と仕組みを取り入れなければ…

日本は世界に呑み込まれて
滅んでしまうかもしれない
幕府使節団の欧州滞在は
約1年半であったが
今日の会談は
素晴しかった
See you
あーでもない
・・・・
ゾロ
こーでもない
ゾロ
文明の素晴らしさと脅威を
知るには十分な時間でした
世界は広い
まだまだ学べる事が
山ほどあるぞ
オー‼
しかし、栄一達の元へ
1通の手紙が届きます
大政奉還により
徳川幕府消滅
早急に帰国せよ
新政府

コラム

1860年代のフランスはどんな国？

幕末の英仏の状況

当事のヨーロッパ諸国は、欧米列強と呼ばれ、大航海時代以降、世界各地で植民地をめぐる闘争を行っていました。

この権益争いで一歩リードしていたのが、イギリスです。イギリスは、薩英戦争を契機に戦意の高い薩摩藩に接近し、徳川幕府を倒して、親英政権樹立を目論見ます。一方で、フランスは、イギリスに対抗すべく、徳川幕府に接近し、軍事支援を行います。当時の日本を巡って英仏はこのような状況でした。

1860年代のフランス

さて、この時期のフランスはどのような国だったのでしょうか。

その前に触れなければならないのが、フランス革命です。フランスの政治体制が絶対王政から共和制に変わる大転換が起こりました。しかし、革命の反動もまた大きく共和制から帝政に変化します。この時、皇帝に就いたのが、ナポレオン・ボナパルトです。しかし、その後は政治体制が安定せず、王政や共和制への転換が相次ぎます。この混乱に乗じて、1851年にクーデターを起こし、皇位に就いたのが、ルイ・ナポレオン（ナポレオン3世）です。1860年代は、このナポレオン3世の統治する時代でした。

ナポレオン３世の政治

この時代の統治は、ナポレオン３世個人の人気に支えられていました。人気が高かったわけは、世論が強力な指導者の下で政治的安定を求めていたこと、鉄道敷設やパリ市街の改造などで経済発展したこと、そして、外征の成功により個人の威光が高められたことなどが挙げられます。

しかし、１８６０年代に入りイギリスと自由貿易協定を結んだことで、イギリスの工業製品が流入し、国民の反発を招きます。また、メキシコ出兵も失敗に終わり、外征を通じて確立したナポレオン３世の威光にも陰りが見えるようになってきました。こうした中で、フランスはイギリスに対抗するため、徳川幕府を支援し、日本との交易において、有利な状況を作ろうと考えていたようです。

コラム

向山黄村ってどんな人？

向山黄村は、外国奉行として徳川昭武や渋沢栄一らとともに渡欧した人物です。

黄村は、旗本の一色家の三男として1826年に生まれます。幼少より利発でその才能を見込んだ幕臣の向山源太夫は養子として迎えます。

源太夫は、天保の改革に貢献したり、函館奉行支配組頭に就任するなど重要な役割を任う人物でした。蝦夷地探検で有名な松浦武四郎の上司として知られています。

黄村は、昌平坂学問所で頭角を現し、教授方出役になるなど俊才ぶりを発揮しました。

1856年、源太夫が病死すると、黄村が家督を相続し、函館奉行支配調役に就任後、函館奉行支配組頭として父の業務を引き継ぎました。この期間に、樺太《からふと》調査に入り、ロシアとの交渉を行うなど外国を肌で感じることになりました。

こうした経歴と才能を買われて、黄村は外国奉行支配組頭、さらには外国奉行に就任し、幕府の外交における中心的存在になっていきます。

1866年に、パリ万博で渡欧・留学する徳川昭武に随行してフランスへ渡り、昭武とともにナポレオン3世に謁見しました。

この留学に際して、黄村はある騒動を起こします。フランス政府は、当初、昭武の教育役として、メルカ・メションという人物を当てようと考えていました。メションは、日本に来たこともあり、さらには日本語に堪能だったため、最適だとフランス政府は考えたのです。しかし、黄村は、メションが神父であることやその狭量な性格を嫌って、教育係になることに反対しました。この黄村の意見が通り、教育係から外されてしまいます。

このことで名誉を傷つけられたメションは、「日本は連邦国家であり、幕府は統治に全権を有していない」という論説をパリの新聞に寄稿しました。この論説は無視できないものとなり、結果としてフランス政府が幕府に対して行うはずだった600万ドルの借款が取り消されることにつながってしまいました。しかし、この黄村の姿勢や人物は幕府内で高い評価を受けます。特に勝海舟は、黄村を高く評価していました。

明治維新後は、徳川家達《いえさと》に従って静岡に赴きます。この時、府中と呼ばれていた町を「静岡」と命名したのが黄村です。黄村は静岡で静岡学問所頭取に就任し、人材の育成・教育にあたりました。静岡学問所が廃校となった後は、東京に移って、最後の函館奉行として活躍した杉浦梅潭《ばいたん》らと共に詩作に力を入れ、漢詩人として名をはせていきました。

コラム

当時の船旅は大変だった？　その実情とは

幕末の到来を告げたのは、黒船来航です。この黒船は、蒸気を動力として航行する当時の最新鋭の船でした。

そう聞くと、自走式の動力を持っていて、大洋を悠々と進むというイメージを持たれるかもしれませんが、実際にはそんなことはありません。当時の船旅の実情をご紹介しましょう。

当事の蒸気船は、石炭等の燃料を節約するために蒸気の活用は最小限に留めていました。大型の船を動かすほどの蒸気を作り出すためには、大量の燃料が必要です。エネルギー効率も悪かったため、通常航行では、マストに帆を張って、帆船と同様に航行していました。

また、荒天に見舞われたら、いかに蒸気船といえどもなす術はありません。

１８６０（万延元）年に、咸臨《かんりん》丸がアメリカに向けて出航しましたが、荒天に襲われて、日本人の乗務員は、船長の勝海舟をはじめ多くの人が船酔いで行動不能に陥りました。当然ですが、船には多くの人が乗り込みます。例えば咸臨丸の場合は、日本、アメリカ間の航海に38日間かかっています。その間、食料や水の確保やどこで船員に休暇を与えるのかという計画にも頭を悩ませたそうです。

当事航海は、私たちの感覚から考えると、とてつもない時間と労力がかかる大変なものだったと言えるでしょう。

コラム

大隅重信はどんな人物？

大隈重信は佐賀藩に生まれますが、1856年に脱藩し、徳川慶喜に大政奉還の説得を行うなど政治の表舞台で活躍します。

その後王政復古の大号令が出されて明治新政府が成立すると大隈は明治初期から大蔵卿（今の大蔵大臣）や外務大臣を歴任しました。

しかし、明治政府は薩摩藩と長州藩出身の人ばかりで後ろ盾が少なく1881年には、政府から追放されます。

翌年には、立憲改進党を創立して日本の政党政治の一翼を担ったり、東京専門学校（現在の早稲田大学）を創立し初代総長をつとめました。のちに政府に復帰し、1888年に彼は外務大臣に就任します。ところが、この時に外国人を裁判官として雇うべきかどうかの問題に賛成と唱えたことによって保守派から大反発を受けてしまい、翌年には過激派の玄洋社の一員によって右足を切断されるアクシデントに見舞われてしまいます。

しかし、大隈はへこたれず、1898年、板垣退助とともに日本で最初の政党内閣をつくりました。1914年、77歳で第二次大隈内閣を組織するなど最後の最後まで政治に携わりました。

コラム

新政府軍に連戦連敗！　幕府軍は弱かったの？

幕府軍と新政府軍が戦った戊辰戦争。この戦いでは、新政府軍が幕府軍を相手に連戦連勝しています。よく、旧式の武器で戦う幕府軍と新式の武器で戦う新政府軍という括りでとらえられがちですが、決してそのようなことはありませんでした。

また、幕府軍は弱かったわけでもありません。むしろ陸海の部隊において、幕府軍は新政府を上回る戦力を持っていました。

幕府軍や諸藩の誇る部隊をいくつか紹介しましょう。

伝習隊……幕府がフランスから顧問団を招いて、軍事教練を行った部隊です。最新鋭の武器とフランス式の調練や軍制を敷き、日本最強ともいえる戦闘力を持っていました。

幕府海軍……日本最大の海軍は、幕府が有していました。艦艇の保有数、性能ともに新政府軍を圧倒していました。

伝習隊を中心にして箱根で新政府軍の動きを封じ、海軍が新政府軍の兵站や各藩の本拠地を攻撃する作戦も立案されていました。新政府軍の大村益次郎は、この作戦が実行されたら我々は生きていなかったとまで言っています。

長岡藩……河井継之助率いる長岡藩は、当時世界最新鋭のガトリング機関砲を2門有し、新政府軍を悩ませました。

庄内藩……裕福な経済力を背景に、藩兵に最新式の銃を配備し、東北戦争で連戦連勝、無敵を誇りました。

では、こうした部隊を要しながら、なぜ幕府軍は敗れたのでしょうか。

それは、徳川慶喜が戦いを放棄したからです。

慶喜は水戸藩の出身です。水戸藩は、天皇を大切にする尊王の考えの強い藩でした。その尊ぶべき天皇が自分を朝敵として攻めてくるという事態になったのです。

慶喜はこの瞬間、戦う気力をなくし、恭順姿勢に徹します。これで、幕府側の組織的な戦いは望めなくなります。そうすると、いかに力をもつ部隊や諸藩であっても、力を発揮できず簡単に各個撃破されてしまいました。

ただ、慶喜が恭順したことで日本が真っ二つに割れる戦いは回避されました。そのため、内戦が長期化し列強諸国へ抗う力を失ない、他の国同様に植民地化されるという最悪の事態に陥ることはありませんでした。

幕府が誇る部隊が真価を発揮できなかったからこそ、日本は救われたと言えるでしょう。

コラム

政府が行なった殖産興業とはどんなものだったのか？

明治時代初期から大正時代に行われた殖産興業は簡単に説明すると政府が主導して行った近代化政策です。

殖産興業が起こる以前、明治政府は開国したばかりの日本はヨーロッパの強国に比べるとまだ産業が貧弱であり、このままいけば植民地になる可能性もある。そのため産業を育ててヨーロッパの強国と肩を並べなければいけないと考えます。

そこで一大国家プロジェクトとして、工場の創設やヨーロッパから呼び寄せた外国人などに予算のほとんどを割き、近代化を急ぎます。

これによって横須賀海軍工廠《こうしょう》などの造船、世界遺産に認定された富岡製糸場による製糸業、鉄道の創設や鉱山の発掘などの多岐にわたる事業を政府が支えて初期の明治の産業を育成していきました。

また、日清戦争によって賠償金を獲得すると、製糸業などの軽工業だけではなく、重工業の発展を目標として北九州に八幡製鐵所を設立し、中国から輸入した鉄鉱石を利用して鉄の生成も行うようになります。

好物

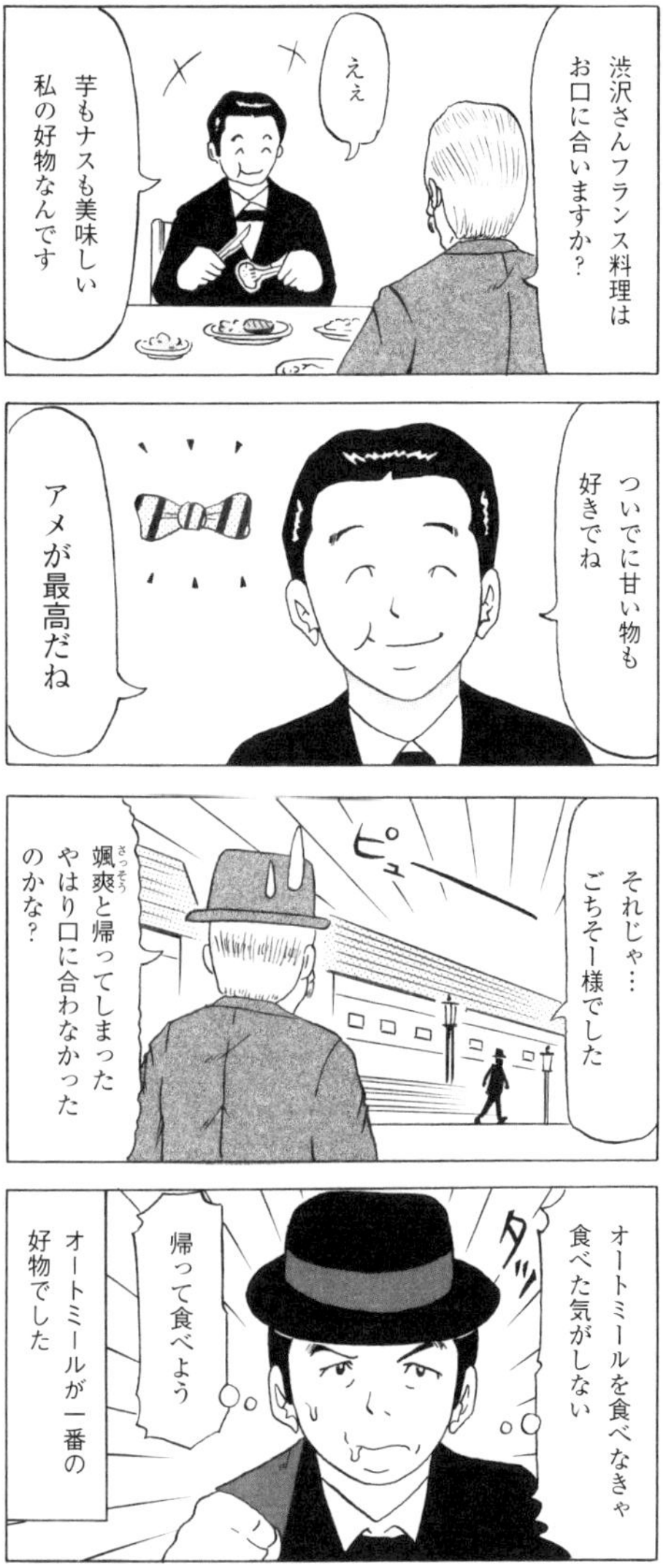

声の大きさは器の大きさ

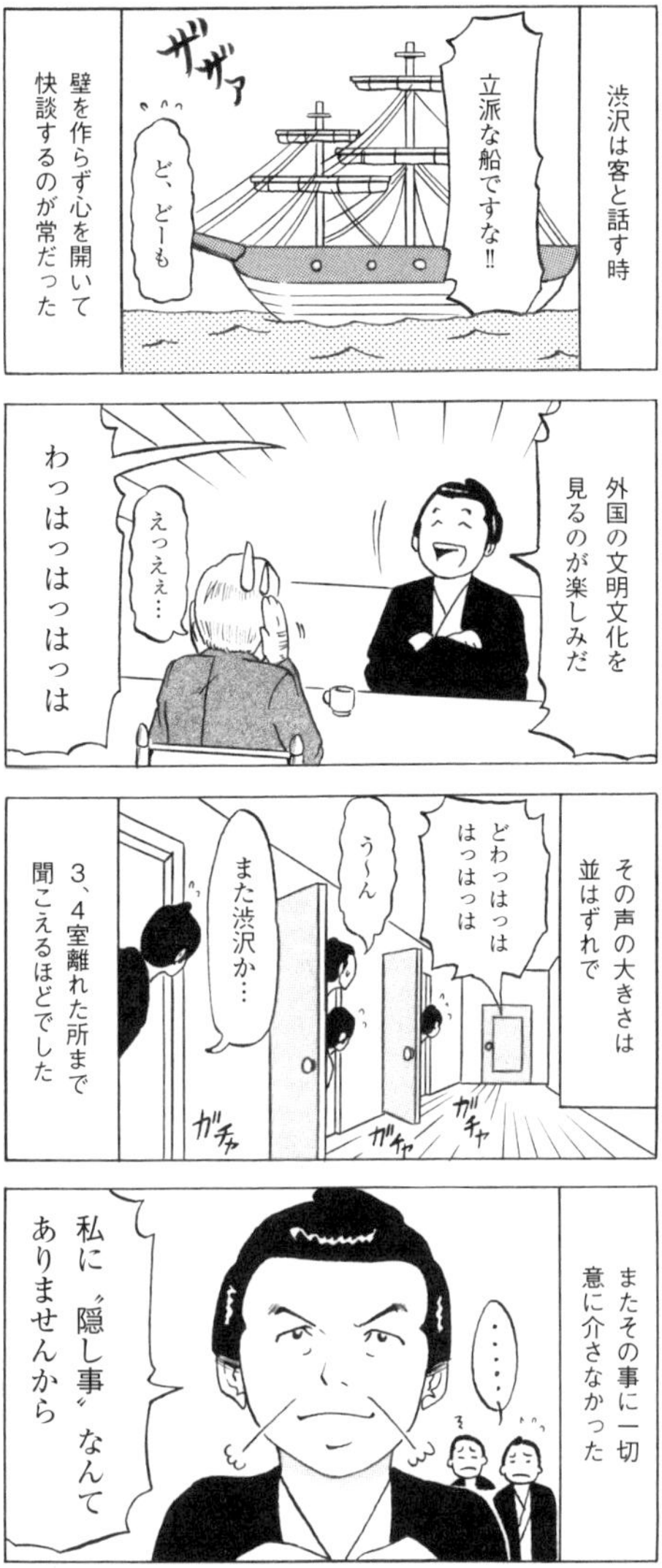

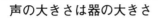

第4章　晩年の渋沢栄一

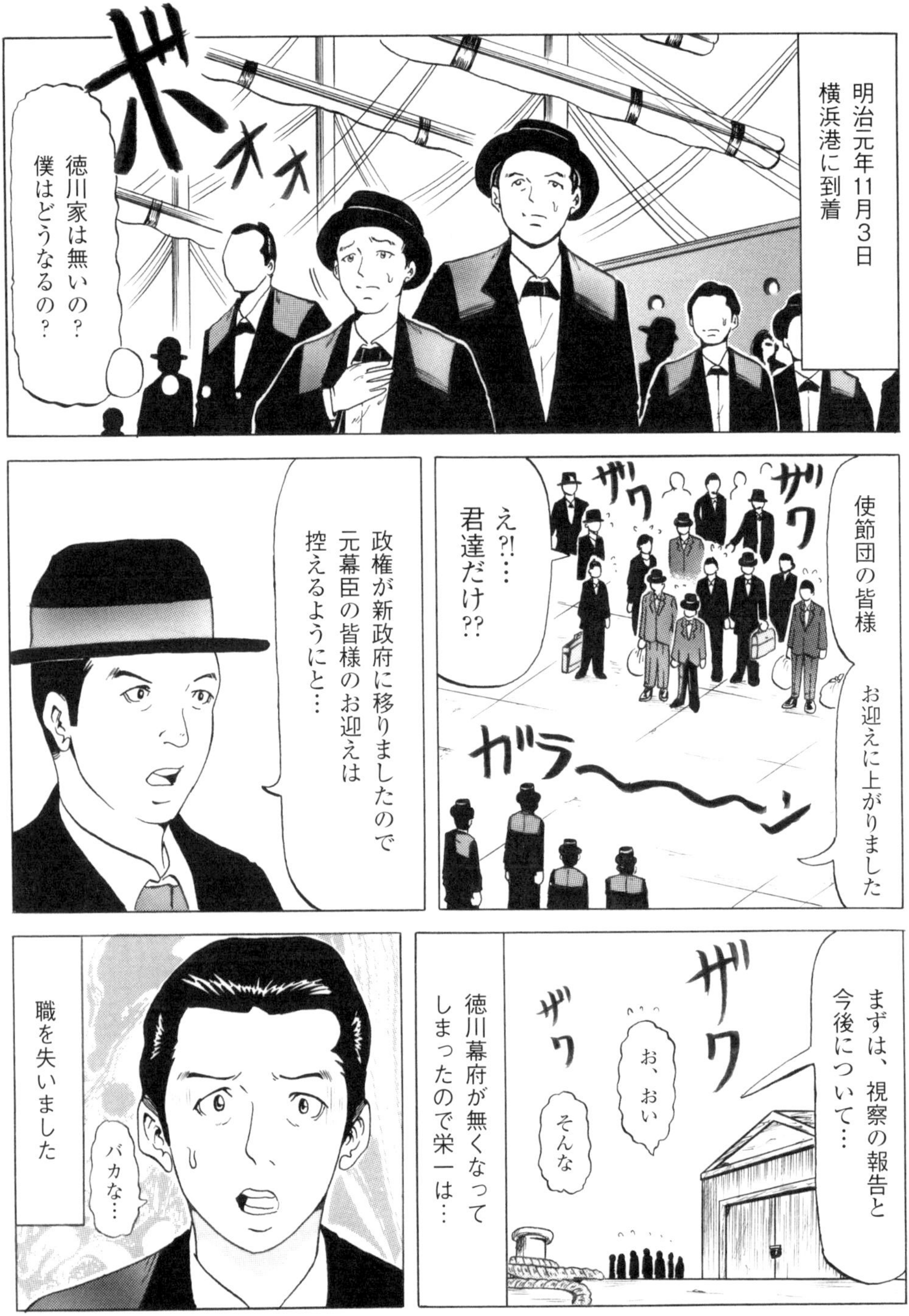
明治元年11月3日
横浜港に到着
ボォォォ
徳川家は無いの？
僕はどうなるの？
使節団の皆様
お迎えに上がりました
ザワ
ザワ
え?!…
君達だけ??
ガラ〜〜〜ン
政権が新政府に移りましたので
元幕臣の皆様のお迎えは
控えるようにと…
まずは、
今後について…
視察の報告と
ザワ
ザワ
お、おい
そんな
徳川幕府が無くなって
しまったので栄一は…
職を失いました
バカな…

困った栄一は駿府（静岡県）にある宝台院を尋ねます
ここか…
謹慎中の徳川慶喜に会う為です
慶喜様もさぞ、お気を落とされて…
シャー
ぐっ
ええ?! 慶喜様?
あっ…お帰りー
私は、将軍クビになったから渋沢君の好きにしていいよ
困ったら力になるよ
……
慶喜は晩年趣味の自転車、写真油絵、弓道、狩猟を謳歌してた

ちなみに、サイクリング中に美女に気を取られ看板に激突したとか…
ギイッ
クス
元気そうで良かったケド
私はパリで学んだ「株式会社」を作ろう!!
そして、静岡で「商法会所」という金融商社を設立
銀行のような会社
金融商社
商品や生産物を担保にお金貸します、預かります
会社の資金は藩と個人から出資されます
半官半民事業
個人
政府
これが「合本法」です
明治2年日本で初めての「株式会社」です
8万両
経営責任者
渋沢栄一(29歳)
会社経営は順調で年間8万両(約16億円)も稼いだ

ところが、数ヶ月後に政府から呼び出しの連絡が来ます
?
なんだろ?! 取り引きの相談かな?
東京
ええ〜!!
私が「民部大蔵省租税正」に任命ですか?!
おめでとう
新政府から税制改正・金融改革に携わるようスカウトが来ました
私は、税金の事はわかりません
お、お断りします
まぁ…待ちなさい
大隈重信

君が静岡で事業に精を出すのも良いが
西洋で学んだ知識を日本の為に力を尽くしてみないか？
日本の為に…
株式、鉄道、水道日本に広めるぞ
新しい日本は新しい人材が必要なのだよ
日本の未来の為にお願いします
グッ
・・・・
はっ…はい
大隈重信の熱心な説得で渋沢栄一は大役を引き受けた

明治4年大蔵大輔（次官）
井上馨の片腕として働く
カッ
カッ
カッ
栄一は大蔵大丞（局長）の
位にいます（官僚のトップクラス）
明治5年、栄一の働きで群馬県、
富岡に「西洋式の製糸工場」を建てます
日本の生産力を
上げるぞ!!
はい
生産力が上がれば、雇用が増え、
税収入が上がり地域にまわる
井上次官、次は予算を組み
「銀行」を設立しましょう
後に全国に広がれば
経営の活性に繋がります
う…む
この書類は、予算案ですね
んん?!
あ…うむ…
渋沢君
ダッ

大久保大臣!!
!!
大蔵卿（大臣）
大久保 利通
ズカズカ
この予算案は何ですか!!
何か問題でも？
ビッ
陸、海軍に経費を出しすぎです
国の収入も不安定で財源も乏しいのにおかしいでしょ!!
ならば、陸、海軍はどうなってもいいのかっ
当時の政府は薩摩と長州に力があった為、予算は牛耳られていました
君は、税金の計算をしてれば良いのだ
っ～……
ヒソ
ヒソ
ヒソ… ヒソ
ヒソ

中途入省のクセに
何様だよっ
ヒソ
元は民間人だろ
ヒソ
ヒソ
成り上りが
ヒソ
商人の分際で
調子に乗るな
世間では「四民平等」と
謳《うた》っているがよく言うよ
まだまだ、民は官に頭が上がらない
商工業者をバカにする風習がある
ガッ
ガッ
「官尊民卑打破」の考えを強くした
カッ
カッ
国も変わらなきゃ
人も変わりやしない
明治6年渋沢栄一大蔵省退官
井上馨も退官した。
バカバカしいっ
内務省
退官後に官僚時代に設立を指導
していた「第一国立銀行」に携わります

明治6年「第一国立銀行」創立※
ジャーーン
資本金300万円
銀
投資して下さい
一般
利子をつけて返してね
その内100万は一般公募で集めます
※後のみずほ銀行
残り200万は三井組・小野組が出資します
両替お願いしマース
手数料をいただくよ
チャッチャッ
元々、この二つの組織は「両替商」として銀行のような業務をおこなっていました※
※幕府時代「両替商」の重鎮として力があった
しかし、大蔵省の指導で合併し「三井小野組合銀行」が作られます
大蔵省
業務は協力した方が効率が良い
はぁ…
ポン
第一国立銀行 許可
総監役／渋沢栄一
頭取・副頭取
支配人・三井・小野組
正式に国に「銀行」として申請をして「第一国立銀行」が誕生します

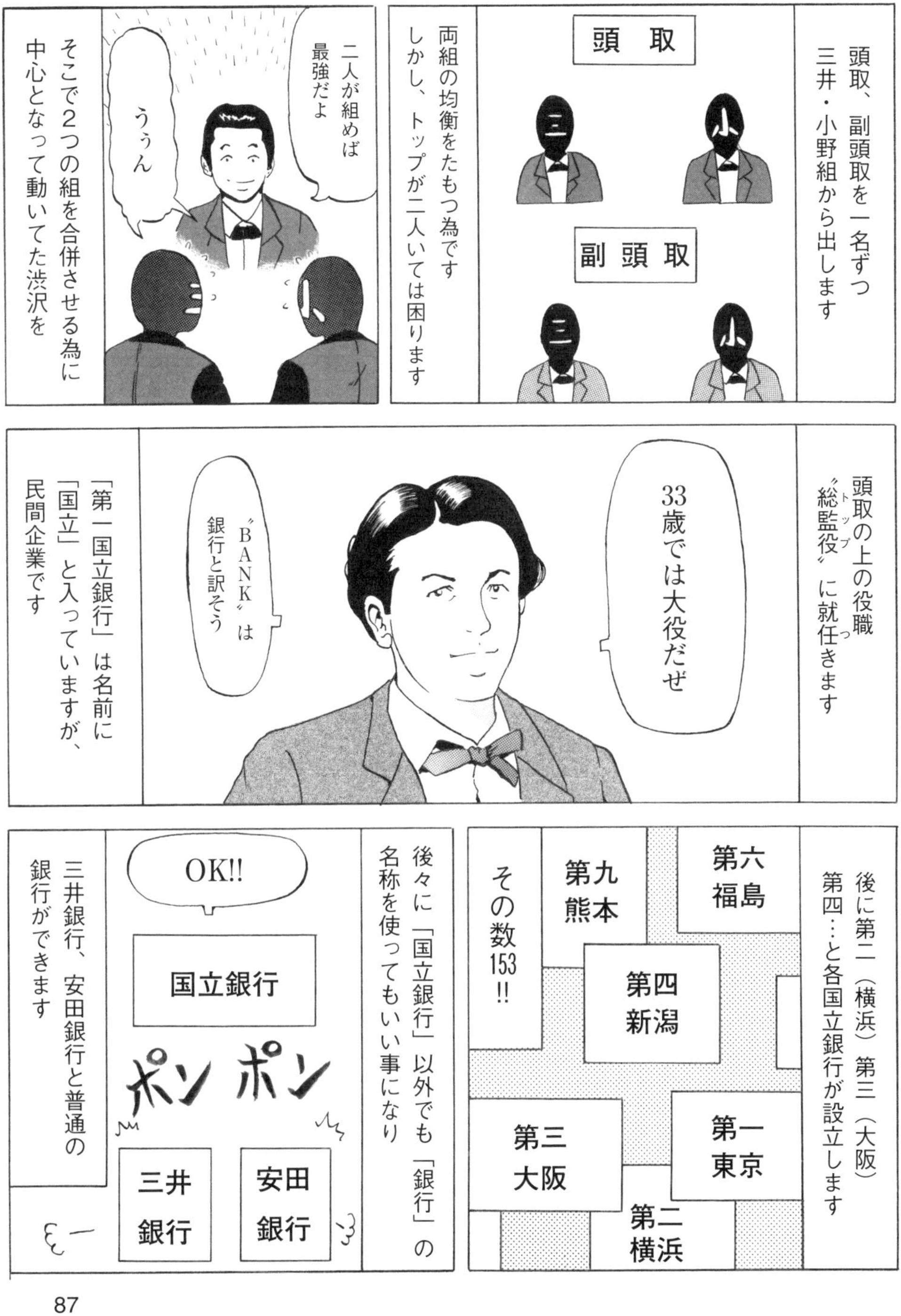
頭取、副頭取を一名ずつ三井・小野組から出します
頭取
副頭取
両組の均衡をたもつ為です しかし、トップが二人いては困ります
二人が組めば最強だよ
うぅん
そこで2つの組を合併させる為に中心となって動いてた渋沢を
頭取の上の役職 〝総監役《トップ》〟に就《つ》きます
33歳では大役だぜ
〝BANK〟は銀行と訳そう
「第一国立銀行」は名前に「国立」と入っていますが、民間企業です
後に第二（横浜）第三（大阪）第四…と各国立銀行が設立します
第六 福島
第九 熊本
その数153!!
第四 新潟
第三 大阪
第一 東京
第二 横浜
後々に「国立銀行」以外でも「銀行」の名称を使ってもいい事になり
OK!!
国立銀行
ポンポン
三井銀行
安田銀行
三井銀行、安田銀行と普通の銀行ができます

よし!! 事業開始だ
どんどんお金を貸すぞ
あの…誰に貸せばいいでしょうか?
ザワ
むっ
そりゃ…鉄道会社や水運、紡績…
鉄の加工、農耕機を必要としてる人達にだよ
そ、そんな会社日本には無いですよ
ガクッ
あらっ
む～っだったら私が作る!!
まずは「鉄道」だ!!
えーっ!!
今は政府が特定の地方で路線を広げる程度…
ガッ
民間の力を貸りれば全国に走らせることも可能だ

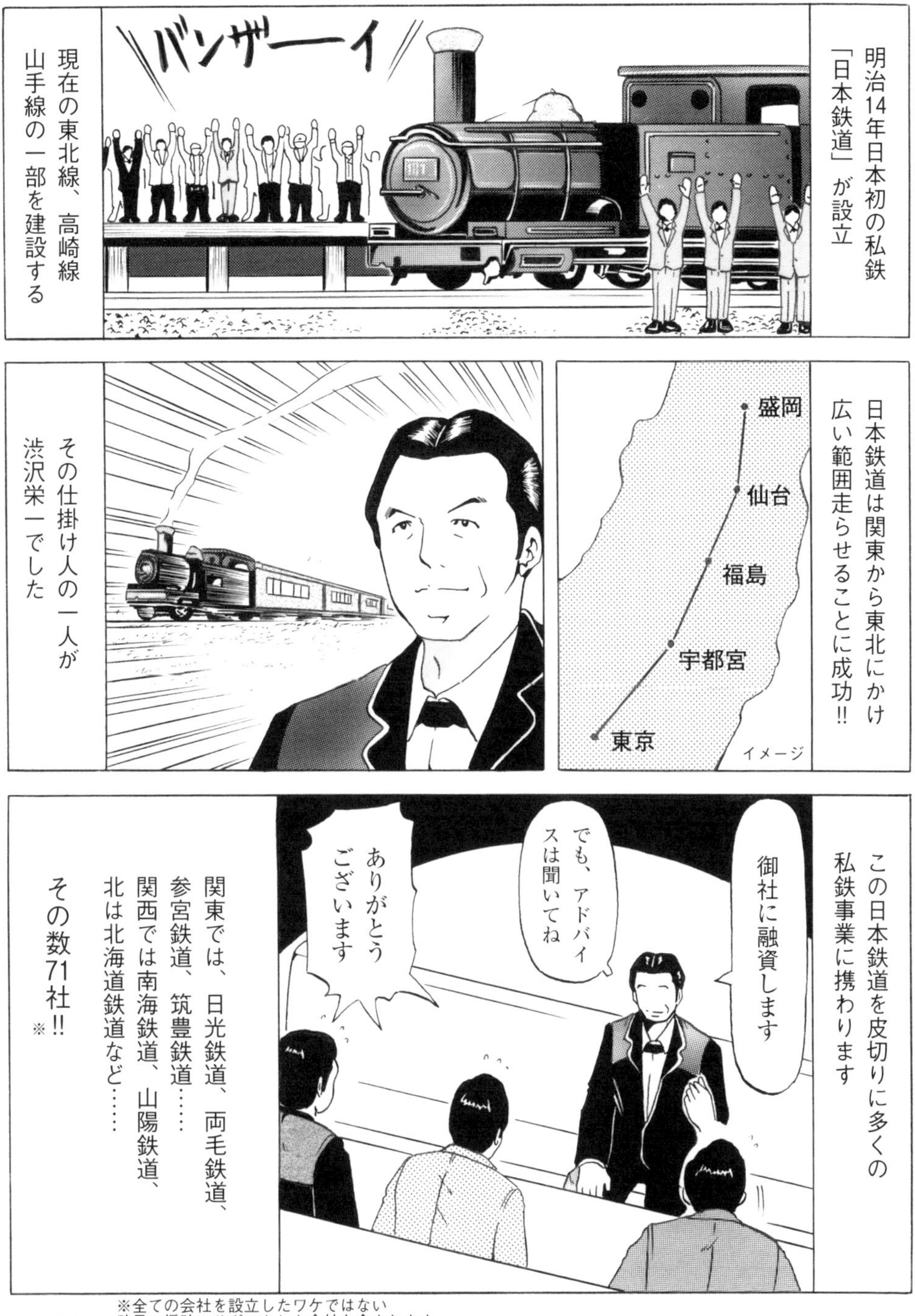
明治14年日本初の私鉄「日本鉄道」が設立
バンザーイ
現在の東北線、高崎線 山手線の一部を建設する
日本鉄道は関東から東北にかけ広い範囲走らせることに成功!!
盛岡
仙台
福島
宇都宮
東京
イメージ
その仕掛け人の一人が渋沢栄一でした
この日本鉄道を皮切りに多くの私鉄事業に携わります
御社に融資します
でも、アドバイスは聞いてね
ありがとうございます
関東では、日光鉄道、両毛鉄道、参宮鉄道、筑豊鉄道……関西では南海鉄道、山陽鉄道、北は北海道鉄道など……
その数71社※!!

※全ての会社を設立したワケではない
助言、援助、サポートした会社も含まれます

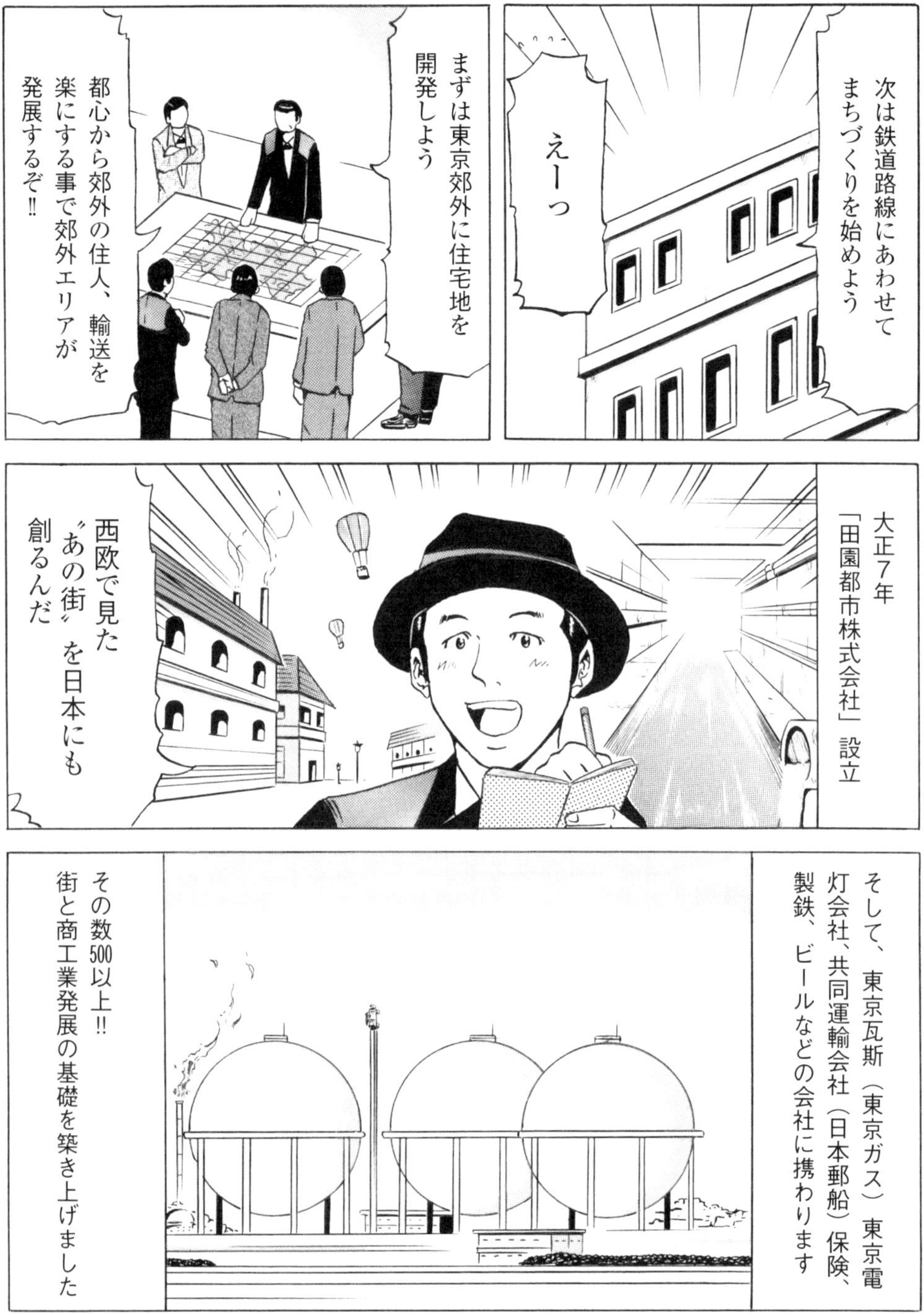
次は鉄道路線にあわせてまちづくりを始めよう
えーっ
まずは東京郊外に住宅地を開発しよう
都心から郊外の住人、輸送を楽にする事で郊外エリアが発展するぞ!!
大正7年「田園都市株式会社」設立
西欧で見た〝あの街〟を日本にも創るんだ
そして、東京瓦斯（東京ガス）東京電灯会社、共同運輸会社（日本郵船）保険、製鉄、ビールなどの会社に携わります
その数500以上!!街と商工業発展の基礎を築き上げました

しかし、栄一は一つだけ心配事がありました
モヤ モヤ
それは「教育」です
はい
アイウエオ
カキクケコ
サツスセソ
あー
いー
うー
えー
おー
当時の小学生は寺子屋式のものが多く教育内容は貧弱なものでした
こんな考えが当たり前？
一般、商工業者は金もうけ出来れば良い‼ 実業教育なんていらない
ハハハハハ
実業教育がないと人は育たないよ
一般教育にいたっては、生物・科学など全くないし…
栄一が西欧で見た教育は驚くほど進んでいました
政治とは… 経済とは… 道徳とは…
レベルが違う
数学
国語
技術の発展は教育にあり

日本の近代化は「会社事業」だけではダメだ!!
ダッ
社長!!
学校を作り教育を受け「社会事業」も充実させないといけない
そして、東京中の有力者をまわり寄付金を集めます
教育を受けることで子供の未来を作りたい
学校は国の直轄《ちょっかつ》がふさわしい
また、農商務省や関係者の協力を得ます
明治17年「東京商業学校」が設立
日本初の商業専門学校
バンザーイ
後に農商務省から文部省が引き継ぎ管理します現在の「一橋大学」になりました

また、女子教育も推し進めます
（当時では珍しい事）
女は家事をやってればいい
グッ
女性が輝ける社会へ
私も私財を投じる
女子大学設立にあたり多大な寄付をします
しかし学校設立には莫大な金額がかかります
地方に行き募金にまわります
鉄道便利♡
ガターン
ゴトーン
男女関係なく社会で活躍して家庭を築けたら、どんなに素晴らしい事か…
後に「東京女学館」「日本女子大学校」に深く関わり女子教育に尽力します
バンザーイ
当時は珍しい自転車を取り入れたのよ～
ホホ～～
チリン
チリン
また、お金だけでなく学生寮も寄付しました

また、教育のほかに「養育院」にも携わります
・・・・
・・・・
養育院の知識はないけど…
社会政策として、この事業は発展させないといけない
明治の初頭、新政府と倒れた幕府の混乱で、
職を失った人、孤児、病人等が大勢いて政府も困っていました
（養育院）無料の施設とはいえ、一つの部屋に雑居しており環境は良くありません
うっ
・・・・
ゴホ ゴホ ゴホ
え〜〜ん え〜〜ん
・・・・
ブッ ブッ
これはヒドい…

そこで3つのグループに別けます
老人
病人
子供
子供には教育を元気な大人には職業を与える
施設が狭くなったから広い所へ移転しよう
よしっ
待った
ところが議員の中からこんな声が上ります
ドカドカ
養育院は働かなくても生きられる怠け者をつくる場所だ
そんな…
もっと有用な事業にお金を使うべきだ
今、収容されてる人は身寄りのない者ばかりです
「社会」が救わなければ誰が救うのですか?
こんな施設は社会に有害だ
ワー
ワー
生産性がない
閉設しろ
ヒドい…
ぐっ…

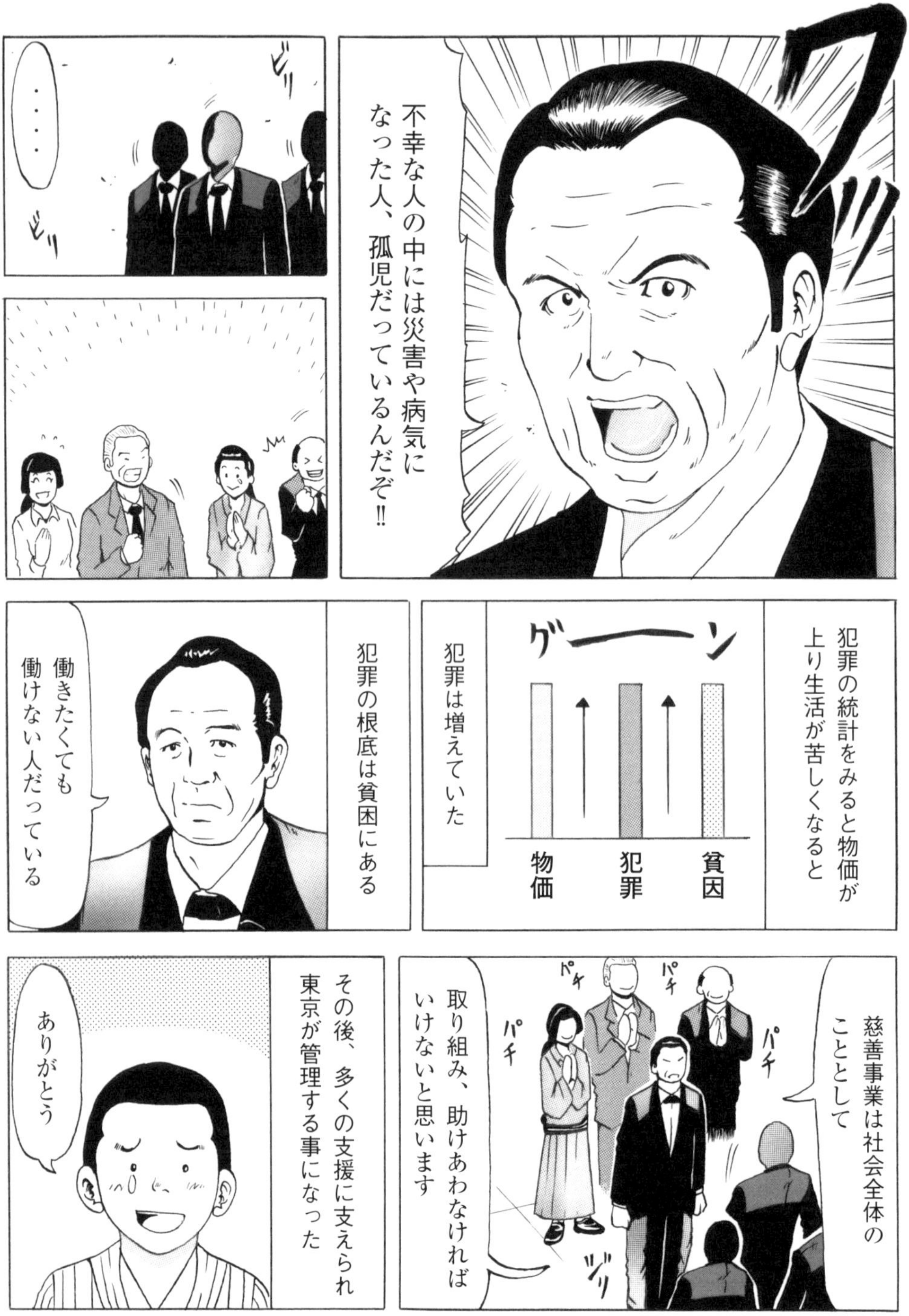

不幸な人の中には災害や病気になった人、孤児だっているんだぞ!!
・・・・・
ビリ
ビリ
犯罪の統計をみると物価が上り生活が苦しくなると
グーーン
物価
犯罪
貧困
犯罪は増えていた
犯罪の根底は貧困にある
働きたくても働けない人だっている
慈善事業は社会全体のこととして
取り組み、助けあわなければいけないと思います
パチ
パチ
パチ
パチ
ジリ
その後、多くの支援に支えられ東京が管理する事になった
ありがとう

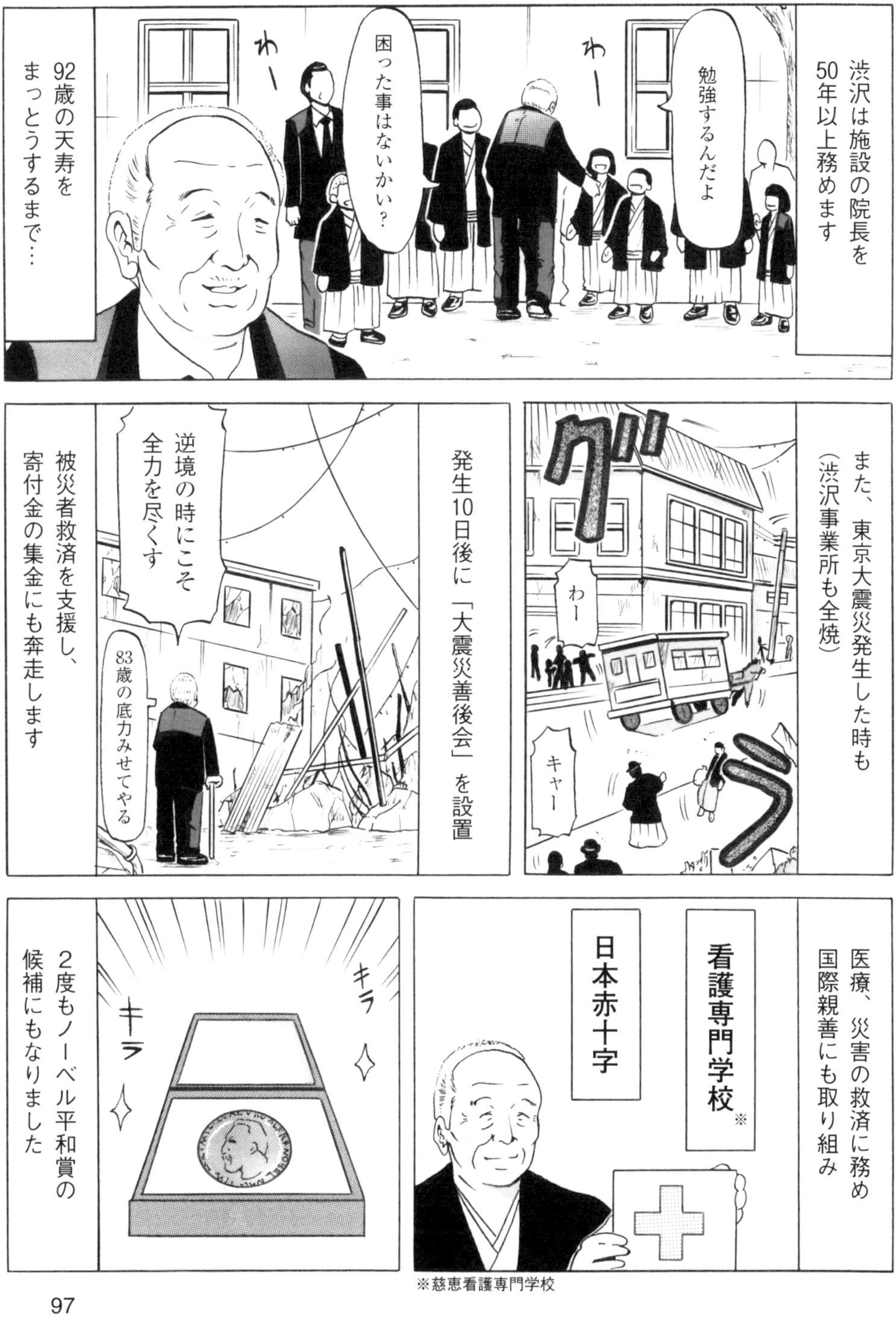
渋沢は施設の院長を50年以上務めます
勉強するんだよ
わー
困った事はないかい?
わー
92歳の天寿をまっとうするまで…
また、東京大震災発生した時も（渋沢事業所も全焼）
グラ
わー
キャー
発生10日後に「大震災善後会」を設置
逆境の時にこそ全力を尽くす
83歳の底力みせてやる
被災者救済を支援し、寄付金の集金にも奔走します
医療、災害の救済に務め国際親善にも取り組み
看護専門学校※
日本赤十字
キラ
キラ
2度もノーベル平和賞の候補にもなりました

※慈恵看護専門学校

こうして渋沢栄一は実業界、教育、社会事業に尽しました
生涯で携わったすべての事業数は、600にも及ぶそうです
そして、70歳になったのを期にそれまで関係していた会社から身を引きました
約60社
会長ー
社長ー
先生ー
ありがとう
貧困、差別、病気、震災
バイバーイ
しかし公共団体の活動は続けます
実業界から引退しても起業家、政治家など多くの人が相談しに訪れました
渋沢先生、私は、事業を始めたのですが意見を頂けませんか？

私は事業を始める時
四つの事を基準にしてます
・1 道理が正しいか？
・2 時運に適しているか？（時代に合っているか）
・3 人の和を得ているか？
・4 己の分にふさわしいか？
なるほど
サラ
サラ
企業の目的が利潤を
追うのは間違いではないケド
・・・・
お金儲けに走っては
いけないよ
利益は独占せずに社会に還元する事
はぁ…??
国ないしは、人類全体の繁栄に
対して責任を持つことを
忘れてはならない
はぁ…??
つまり…
人類??
私の事業の話は…??

目的のための根底には「道徳」が
必要であり経済と道徳を両立させる事
ズズ・・・
は…ぁ…
フフフ…
ごくろうさんでした
し、失礼しました
人類…道徳??
金儲けがダメ??
どういう事?!
ザッ
さすが渋沢先生だ
ザッ

「道徳経済合一説」‼
素晴らしい‼
ボクも実践しよう
ちょっ…ちょっと君
はい？
今の…文言は⁇
あぁ、あなたも先生の所に…
・・・・・
ピーン
え…
あ…なるほど‼
え
ボクは、わかりましたよ
渋沢先生の「言葉の意味」が…
あっ…わ、私にも教え…
ハハハハハ
なぜ、先生が「財閥」を作らなかったか考えてごらんなさい
あなたの商売に、道徳はありますか？

コ・ラ・ム

日本のお札の歴史

平成31年4月9日、2024年度を目途に日本銀行券（紙幣）の改刷が発表されました。日本銀行券は偽造抵抗力の強化を目的におよそ20年毎に改刷されます。日本銀行法によって、最終的に肖像としての人物を財務大臣が決めることになっており、国立印刷局によれば、「日本国民が世界に誇れる人物で、教科書などに載っているなど、一般によく知られていること」「偽造防止の観点から、なるべく人物像などの写真や絵画を入手できる人物であること」などの理由で選定されています。

今まで一万円札の肖像に選ばれた人物は、聖徳太子、福沢諭吉、そして渋沢栄一の三人のみです。

聖徳太子は「十七条憲法」などを制定したとして有名な人物で、1957年から一万円札の肖像として採用されました。しかし、同時に五千円札の肖像にも採用され、聖徳太子は1957年までに発行された計7種類の日本銀行券に採用されていました。実は1946年（昭和21年）にGHQが「聖徳太子以外は、軍国主義的な色彩が強いため、肖像として使用することを認めない」としたからです。このとき聖徳太子についても議論があったそうですが、「和を以て貴しとなす（みんな仲良く争いがないのが最良だ）」と述べるなど、軍国主義者どころか平和主義者の代表である」と当時の日銀総裁がGHQを押し切ったと言われています。

福沢諭吉は慶應義塾大学の創始者で「学問のすすめ」を著書したことで有名です。一万円札の肖像として１９８４年から採用されており、財務省によると、「最高券面額として、品格のある紙幣にふさわしい肖像であり、また、肖像の人物が一般的にも、国際的にも知名度が高い明治以降の文化人の中から採用したものです」とのことです。肖像画は東京都港区の慶應義塾福沢研究センター所蔵の写真を素材としています。およそ20年毎に改刷されている日本銀行券ですが、福沢諭吉のほくろの位置が偽造しにくかった、当時の総理大臣が福沢諭吉から肖像を変えることに反対した、などのことから２００４年の改刷では、一万円札のみ偽造防止の技術を盛り込むだけにしたということです。

渋沢栄一は、第一国立銀行（現・みずほ銀行）、東京株式取引所（現・東京証券取引所）、東京商法会議所（現・東京商工会議所）など生涯に約５００もの企業の設立などに関わったといわれ、実業界では有名です。また、教育・社会事業・民間外交にも尽力し日本資本主義の父といわれ近代経済黎明《れいめい》期に多大な影響を与えたため、これまであげた三つの日本銀行券の肖像に採用される条件を満たしています。むしろ今まで採用されていなかったことを疑問視する声が上がるほどであったと言われています。

コラム

実は千円札になりかけた渋沢栄一

渋沢栄一は1963年の千円札の刷新の時に初代内閣総理大臣の伊藤博文と最終選考まで残っています。しかし、この時千円札の肖像画になったのは伊藤博文です。

これには訳があって、当時の日本は偽造防止技術が発達していなく、できるだけ偽造しづらい人選に重きを置いていました。その観点で特徴的なヒゲがある伊藤博文に軍配が上がったようです。

しかし現在は偽造防止技術もかなり発達しており、ヒゲがあろうがなかろうが偽造できない紙幣を作る環境が整っています。

そのためようやくヒゲのがない渋沢栄一も紙幣の肖像画になることができた？　のかもしれません。

ちなみに、最終選考まで争ったこともあり、一応ではありますが千円札の試作案が作られ、渋沢栄一が設立に尽力した仙台の七十七銀行の金融館には今でもその時作られたレプリカが置かれています。

コラム

五千円札の肖像画となった津田梅子

五千円札の肖像画となることに決まった津田梅子は農学者であった津田仙の次女として生まれます。梅子は政府の重鎮であった黒田清隆の斡旋によって6歳でアメリカに留学することが決まります。

西洋文明の調査や江戸時代後期に結ばれた不平等条約の改正等を目的としていた岩倉使節団とともに海路でアメリカへ渡ります。

梅子は英語をどんどん吸収、逆に帰国した時には英語しか喋ることしかできず、日本語を忘れてしまうという弊害が生まれるほどだったそうです。帰国後の日本では、男尊女卑の考えが色濃く残っており、女子というものはお嫁に行くことが最大の義務だとされ、女子が活躍できる機会が全くない状態でした。しかし、英語が話せるという強みを持っていた梅子はのちの内閣総理大臣である伊藤博文の英語指導や通訳として活躍します。

その後24歳の時に再びアメリカに留学し、帰国すると女子教育を日本に広めるために女子英学塾（後の津田塾大学）を開校します。女子にも男子と同様の教育を受けられるような地盤を作るため1929年に亡くなるまで活動を行いました。

ちなみに、梅子は縁談がたくさん来たにも関わらず生涯未婚を貫き通していたそうです。

コラム

千円札の肖像画となった北里柴三郎

千円札の肖像画となった北里柴三郎は、1853年に生まれました。幼いころは軍人か政治家を目指し、16歳で藩校の時習館に入りましたが、明治維新で藩校が廃止され、仕方なく地元の熊本の医学校に入ります。

若干不本意ではありましたが、最終的には医学にどっぷりとはまり、1875年には23歳で東京医学校（現・東京大学医学部）に入学します。

卒業すると内務省衛生局で働くようになります。そして2年後33歳の時に当時の医学の最先端をいっていたドイツのベルリン大学に留学します。

細菌学の権威として知られていたローベルト・コッホの弟子となり、1889年には当時病原体として世界で猛威を振るっていた破傷風菌の純粋培養に成功します。翌年には破傷風菌抗毒素を発見して破傷風の対策を考案します。さらには血清療法という血清に抗体を生み出す画期的手法も開発しました。

これらの功績によってノーベル賞受賞の候補になったり、欧米の大学からスカウトされる程有名になりました。

その後は柴三郎の才能を高く評価していた福沢諭吉の援助によって北里研究所を設立します。ちなみに、この北里研究所には今の千円札の肖像画の人物である野口英世が在籍していたこともあります。

また福沢諭吉の恩に報いるために慶應義塾大学に医学部を創設して、その医学部長や附属病院長をボランティアで務め、さらには香港にてペスト菌の発見する快挙を成し遂げます。加えて柴三郎は全国各地に散らばっていた医師会を一つに統合し、日本医師会の初代会長も務め日本の医学界の発展に尽力しました。

コラム

明治の実業家　三菱財閥を築き上げた岩崎弥太郎

明治から大正にかけて日本には渋沢栄一以外にも様々な分野で経済を牽引するような実業家がいました。その一人が岩崎弥太郎です。彼はのちに戦前の日本に大きな影響を及ぼしており、今でもグループとして名が残っている三菱財閥の創始者です。

弥太郎は１８３４年今の高知県を治めていた土佐藩の武士の家に生まれます。岩崎家は下級武士であまり偉くなく、さらには父親の関係で一時期投獄されるなど踏んだり蹴ったりな前半生だったそうです。

しかし、弥太郎が通った私塾（少林塾・鶴田塾）の塾長であった吉田東洋や板垣退助や後藤象二郎などの藩を動かすほどの上級武士にその才覚を買われ「新おこぜ組」と呼ばれる改革派の原動力となります。

さらには坂本龍馬が運営していた海援隊の経理も担当することで商人としてのスキルをどんどん上げていきました。

その後、坂本龍馬が暗殺されると自ら九十九商会という海運会社を設立します。ライバルとの熾烈な競争の末に九十九商会を三菱商会に名を変え、西南戦争にて政府軍の武器を運んだりするなど海運業界で確固たる地位を確立しました。

その後は殖産興業によって建てられた工場を政府から格安で購入しながら、徐々に勢力を拡大していきます。

弥太郎は１８８５年に50歳で亡くなりましたが、三菱のマークは弥太郎の出身である土佐藩の家紋と岩崎家の家紋を掛け合わせたものだそうです。弥太郎が故郷である土佐のことを最後まで思っていたことがわかります。

成功のコツ

何事も一人では成功しません
メモメモ
人の協力が不可欠なのです
一人の楽しみは決して その人に限りに止まらず
必ず広く他に及ぶ
自分が楽しそうにしていると人が集まってくる
ルンルン
何だろ？
楽しそう
ワクワク
一緒にいると〝楽しい〟と魅力を感じる
そういう人に魅かれて人はついていくのです
ニコ
それで500の会社や福祉事業に携わるなんてスゲー

コラム

渋沢栄一と岩崎弥太郎の違いと会社の対立

明治時代の経済を支えた渋沢栄一と岩崎弥太郎。

日本史に残るような業績を残し、今でも日本の経済を支えている企業を創立した2人ですが、実はこの2人には会社に関する意識に大きな差があります。

渋沢栄一は公共に対する利益を重んじており「利益を出すのはいいけれど、一番大切なのは社会全体の利益」という道徳と企業の社会的責任を重視していました。

一方で岩崎弥太郎は、会社の利益もその責任も全て社長のものであり、社員が独自の判断でビジネスを進めるべきではないという社長独裁体制を理想としました。

このように渋沢栄一と岩崎弥太郎は経営理念が異なっていましたが、社会的な責任を重要視している栄一と社長による独占を是とする弥太郎が折りが合うはずもなく、明治時代初期には弥太郎が創設した三菱商会と栄一が創設に携わった共同運輸会社が海運業の覇権をかけてデットヒートを繰り広げます。

結局、最終的にはこの二つの会社は合併して日本郵船となるのですが、栄一は「利益ばっかり望んでいたら三菱に張り合うほどの規模にする事ができた」と語るほど意識していたんだそうです。

やさしい人

※三菱財閥の創業者

苦い味

コラム

渋沢栄一が推し進めた株式会社ってどういう制度？

株式会社という制度が普及する前は、会社を作ろうとした人が設立資金をすべて出す必要がありました。たとえば、製造に100億円かかる大きな船を作って貿易したい！　と思えば、その人が100億円をポケットマネーから出す必要がありました。

時代が中世から近世になっていくにつれて、造船や鉄鋼など個人ではとても用意できない巨額の投資金が必要なビジネスが増えてきます。そこで登場したのが、株式会社という制度です。

株式は会社が成功したら利益の一部がもらえる権利証です。

例えば、渋沢株式会社の株式発行数が100株で、20株持っている栄次郎さんがいるとしましょう。渋沢株式会社が、100万円儲かったなら、栄次郎さんは、そのうち20万円をもらう権利があります。翌年200万円儲かったなら、栄次郎さんは40万円もらえます。こうして儲けを分配してもらえる権利証を株式といいます。（厳密にいうと、会社の持ち分です）

こういった株式を、多くの投資家に買ってもらうことで、個人ではとても集められないようなお金を簡単に集めることができるという制度が株式会社です。渋沢がこの制度を広めたことにより、日本各地で「お金はないけどアイディアはある人」が次々と会社を作れるようになり、日本の近代化を民間レベルで推し進めることができました。

栄一は５００以上の会社設立に関わっていましたが、すべて自身が経営者になっていたわけではありません。特に人生の後半は、株式をたくさん購入してビジネスするチャンスを若き経営者に与えていたという関わり方が中心でした。

コ・ラ・ム

資本主義ってどんな考え方？

資本主義は、誤解を恐れずに表現するなら、「お金がほしい」という人の欲が生み出す力を最大限に利用して、経済を発展させようという考え方です。

資本主義以前の考え方である封建主義では、仕事は領主から与えてもらうもので、「言われたことを一生懸命頑張ること」が最も大切でした。逆にいうと、自分のアイディアでお金をたくさん稼ぐことは、重要視されていませんでした。たとえ仕事で結果を出せなくても、忠誠心や領主へのゴマすり力があれば、出世できてしまう世の中と言い換えることもできます。

一方資本主義は、「一生懸命頑張ること」ではなく、「たくさんお金を稼ぐこと」が大切です。アイディア次第では、頑張らずに儲けてもＯＫです。だからこそ、資本主義社会では、弊害も生まれます。例えばイギリスでは、一部の資本家が労働者に対して劣悪な環境下での重労働を強いて、労働者の平均寿命が20歳に満たない地域をつくり出してしまいました。

また「株式会社ってどういう制度？」で説明した通り、お金を持っている人は株式に投資するといった方法で、より簡単に多くのお金を得られます。一方、労働者は生活に必要なギリギリの賃金しかもらないため貧富の格差が急激に広がってしまいます。

栄一は、「日本資本主義の父」と呼ばれながらも、道徳の大切さを説いています。お金の魔力に取りつかれて、道徳を失った経営者が増えれば、日本を良くするばかりかモラルのない社会をつくってしまいます。だからこそ、資本主義の弊害を道徳で補おうとしたのかもしれません。

コラム

渋沢栄一が創立に携わった企業

渋沢栄一は日本経済を担う企業を次々と創設していきました。その数は約500を超えます。有名な企業は第一国立銀行（第一銀行を経て現在のみずほ銀行）、東京証券取引所、七十七国立銀行、東京ガス、東京海上火災保険（現在の東京海上日動火災保険）王子製紙、東京急行電鉄、太平洋セメント、帝国ホテル、秩父鉄道、京阪電気鉄道、キリンビール、サッポロビール、東洋紡、大日本製糖、明治製糖、澁澤倉庫などです。

創立した会社の特徴は銀行や紡績など日本の産業を支える企業だけではなく、鉄道やガスなどインフラ会社も創立しているということです。さらにこの500もの会社の中で最後まで経営に携わっていたのは澁澤倉庫ぐらいで、その他の企業はほとんど経営権を譲渡しています。

栄一は自分が経営することは日本のためにならない。色々な人が運営するからこそ日本の産業は発展すると考えていたそうです。

趣味

そういえば社長の趣味って知ってる？
さぁ…聞いたことないね
でも、こんな事言ってたなぁ
仕事が一番楽しいね
つまらない仕事でも夢中でやれば楽しくなるものだよ
社長らしいや
ところで社長、遅いね
友人と雑談するって言ってたケド…
福沢諭吉
むむむむ～
強い!!
将棋と碁が好きだったがやり始めると止まらないので我慢して止めました

初めての街灯

みなさーん　今日から「街灯」を設置します
ザク
ジャーン
電気は反対だ
そうだ
危険だ
電気ってなんだい
正しく使えば安全ですよ
ほら
パッ
これは便利だ
電気いいね
おぉ～
あの～
ズ～ン

コラム

論語と算盤ってどんな本？

渋沢栄一はお金や仕事に関することを著書の『論語と算盤』にまとめています。多くの経営者やメジャーリーガーの大谷翔平なども愛読している名著です。この本の内容を一言で表すと「人間は論語などで人格を形成していくことと、資本主義で利益を追求することをうまく両立させていくことが大切」というものです。

栄一はパリ万博などで欧米の優れた技術を学び日本における資本主義制度を確立させていきましたが、そんな彼が人格のベースとして大切にしていたのが論語です。

論語は古代中国の教養書で春秋戦国時代に活躍した孔子とその弟子達の名言や教訓などをまとめ、人間の本質やどう振る舞うのが適切なのかを説いています。

栄一は「社会のためになる道徳に基づかなければ、本当の経済活動は長くは続けられない」と発言したように利益とモラルの調和を重視しています。

これまで商人といえば利益のみを求めることが第一と考えられており、西洋では商人は卑しい職業だと言われ、日本では士農工商の最下位に位置するほどでした。商売哲学に論語のような道徳を取り入れることによって資本主義の問題点である過剰な利益追求に歯止めをかけたり、相手を貶《おとし》めたり相手のアイディアを真似して成果を奪い合うなどの悪しき競争から、より良い製品やサービスによって相手に勝とうとする健全な競争に導こうとしました。

【著者紹介】

漫画家　英賀　千尋

会社勤務を経て作家活動に入る。週刊少年マガジン、ヤングマガジンで奨励賞、佳作賞を受賞。
主な著作　まんがで学ぶ利休の逸話　淡交社、マンガやさしいプラスチック成形材料（マンガシリーズ）三光出版社、私は死んでる暇がない　サムライスピリッツで正々堂々とガンと闘う！　23の頭脳を持つ超発明家からのメッセージ　ドクター中松著　ヒカルランド、まんが日本の歴史と偉人伝、楽しくどっさり収穫！　まんが家庭菜園入門、まんがでまるわかり野菜とハーブのコンテナ菜園　ブティック社。

漫画でざっくりわかる渋沢栄一

2019年12月9日　初版第1刷発行

著　者　英　賀　千　尋
発行者　中　野　進　介
発行所　株式会社ビジネス教育出版社

〒102-0074　東京都千代田区九段南4-7-13
TEL：03（3221）5361（代表）　FAX：03（3222）7878
E-mail info@bks.co.jp　URL https://www.bks.co.jp

印刷・製本／萩原印刷株式会社
落丁・乱丁はおとりかえします

ブックカバーデザイン／飯田理湖
コラム執筆　右大将／黒武者　因幡／末吉潤／荒川潤

ISBN 978-4-8283-0796-1